子育て支援40年の園長が
あなたに贈る
選択理論心理学

イライラ
お母さんが突然、
子育て上手に
なりました

Happy
子育て

長野眞弓
Nagano Mayumi

ACHIEVEMENT

子育てしながら家事と仕事をして、毎日毎日忙しく慌ただしく時間が過ぎて、
我が子を叱って怒鳴ってにらんで、ときには叩いたり、脅したりして……
今日も自分を責めているお母さんたちに伝えたい。

「私もそうだった。」と。

でも、学んで実践して、いまでは、夫婦げんかゼロ、親子げんかゼロ、
自分のことも大好きになりましたよ。

お母さん、
あなたにもできる！
あなたはあなたのままで素晴らしい！
あなたには価値がある。

お母さんは家庭の太陽です。

子育ての技術〈コミュニケーション編〉

第4章 森の保育園から広がる枝葉 139

はじめに

みんな、笑顔で子育てしたい

子育てしているお母さんは、誰でも、多かれ少なかれ悩みを抱えているでしょう。

「あのとき、こうすればよかった」

「こんなはずじゃなかった」

イライラしたり、がっかりすることばかりかもしれません。

私は20歳で保育士として社会に出てから、40年以上にわたって保育や児童福祉に携わってきました。

これまで、ひとりの親としても保育園の経営者としても、失敗ばかり重ねてきました。それでも、いろんな人たちの愛情に助けられて、今では家族で仲良く、楽しく笑顔で保育園を経営しています。

大丈夫、心配いりません。子育てに手遅れはありません。

誰でも、Ｈａｐｐｙな子育てができます。恐れずに、自信を持って、愛情たっぷりに子育てをする方法はあります。家族でともに、愛に満ちた笑顔の毎日を送ることはできます。

お母さんを幸せにしたい

最初に少し、私の自己紹介をさせてください。

私は20歳で保育士として社会に出てから、40年以上にわたって保育や児童福祉に携わってきました。いち母親としては、21歳で結婚して24歳で長女を出産、その後次女を産み、２人の娘を育ててきました。

子育てはうまくいくことばかりではないということを、ひとりの親としても、保育に携わってきた経営者としても、身をもって実感しています。

迷ったり、悩んだり、ときには転んでしまうこと、当然ありますよね。

私自身の生い立ちも、順風満帆だったわけではありませんでした。

私を身ごもったとき、母はまだ中学生でした。母は、まわりから「中絶しなさい」と言われたそうです。

生まれてこなければよかった子。

私は物心ついたころ、この世に生を受けた第一段階で自分の命を否定されていたことを知りました。

それでも、母は、まわりの反対を押し切って私を生むことを選択しました。

父は、まだ収入が安定していないにもかかわらず、親戚の心配を押し切り母と入籍し、私を長女としてくれました。

私の記憶では、父はほとんど家にいませんでした。家に帰ってくるのはせいぜい月1回くらい。近所のおばさんから「あなたのお父さんは船乗りなの?」と聞かれたことがあります。遠洋漁船にでも乗っているると思っていたのでしょう。

父と母は、いわゆる〝できちゃった婚〟だからか、夫婦関係がぎくしゃくしていました。父の浮気を疑った母が焼きもちを焼いたり、激しい夫婦げんかをしたり、母が怒って、父の荷物をすべて家の外へ放り出したこともありました。

そんな中で、私は3歳と5歳の2回、ストーブの上に乗っていたやかんの熱湯をかぶって全身やけどを負いました。

今でこそだいぶ薄くなりましたが、子どものころは青紫色のケロイドが体中に盛り上がっていました。

「ケロイド気持ち悪い」「怪獣死ね」「来るな」

小学生のころ、散々そう言われたものです。

それでも私は明るい性格だったので友達はたくさんいましたが、トラブルがあるとすぐにケロイドのことで悪口を言われました。

ケロイドだらけの私がなぜ、明るく前向きに生きられたのか。

それは、生きる目的があったからです。

当時の私の最大の生きる目的、それは母を幸せにすることでした。

「もう会えない」とは思ってはいなかった

9歳のときでした。当時、兵庫県の西宮に住んでいた私は、父と2人で長崎の父方のおばあちゃんの家に行くことになりました。

「なんでお母ちゃんは一緒に行かへんの?」

そう聞く私に母は「お母ちゃんは用事があるから留守番してる」と言うやいなや、急に私の肩をつかんで「まみちゃん、今すぐお母ちゃんと茨城のおばあちゃんのところに行こう!」と言い出しました。

「いやや、茨城のおばあちゃんのところに2人で行ったら離婚になってしまう。うちはお父ちゃんとお母ちゃんが離婚するのはいややや!」

そのときの私は、茨城のおばあちゃんのところに行くときは、夫婦げんかをして母が実家に逃れるときだと考えていたのです。私は母の誘いを断りました。

長崎へ旅立つ当日、父の車に乗った私は車窓から笑顔で母に手を振りました。母は真剣な顔で私にこう言いました。

「まみちゃんは、人の心の痛みがわかる人になりなさい」

私は「すぐ帰ってくるのに、なんでそんなことを言うんだろう?」と不思議でした。

15歳で私を身ごもった母は、そのとき24歳でした。


長崎のおばあちゃんの家に着くと、そこには新しい母がいました。

おばあちゃんは、泣きながらこう言いました。

「まみちゃんは利口な子やからわかるよね。お父さんのために耐えてあげてね」

父を見ると、黙って窓の外を眺めてタバコをふかしていました。その背中は「すまん、まゆみ。こうするしかなかった」と語っているかのように、哀しみと申し訳なさで震えているように見えました。

私は、涙ひとつ見せずに「わかった」と言いました。新しいお母さんのそばに行き、「お母さん、よろしくお願いします」と頭を下げました。9歳なりの理性が働いたのです。

私はおばあちゃんに、ひとつだけ質問しました。

「うちは、お母ちゃんに会えるんでしょ。会いたくなったら会えるんでしょ?」

おばあちゃんは、静かに首を横に振りました。

「えっ……」

まさか、お母さんと会えなくなるとは思ってもいませんでした。そのときのショックがどんなに大きかったことでしょうか。

今振り返れば、あのとき思いっきり泣いて、いやだ！ と叫んでいればよかったと思うことばかりでした。でも、私はそうしませんでした。人前で泣いてたまるもんか、と思っていたのです。

あとから思ったのは、母は将来を考えて私を父に託したということ。

というのも、ケロイドの手術をするにはお金がかかるからです。経済力のない母と暮らすよりも、会社を経営していた父と暮らしたほうが、高水準の医療サービスを受けられるという理由で、母は私を父に委ねたに違いありません。

祖母からは、「20歳になったら会えるから、それまでは新しいお母さんに悪いから、お母ちゃんのことは忘れてね」と言われました。

しかし、それきり母とは会えませんでした。

私を包んでくれた白いジャケット

母を幸せにするという人生の目的を失った私が、新たな夢を見つけるきっかけになった出来事がありました。

あれは小学3年生のときでした。

今では考えられませんが、当時、内科検診のときは男子も女子もパンツ1枚で体育館に並びました。昭和40年代、一学年10クラス、一クラス50人以上というベビーブームの時代でした。

私の体はケロイドだらけ。「せめてTシャツだけでも着せてくれ」と先生にお願いしましたが、ひとりのわがままを通すと収拾がつかなくなると言われ、受け入れてもらうことはできませんでした。

年に1回の内科検診のとき、私は全身のケロイドをみんなに見られるわけです。

私はそれが怖くて学校を休みたかったのですが、私は逃げるのが大嫌い。

そのときも、パンツ1枚になってケロイドをさらしていました。すると、

「何やってるの！」

という声とともに、私は白いジャケットに包まれました。若い女の先生が、自分のジャケットを脱いで私を包んだのです。

「かわいそうに、なんてひどいことを」

と女の先生。それを見た年輩の先生が「いらんことするな!」と怒鳴りました。

「結局、大人は偉い人に言われたら、すいませんって頭下げて、すぐに包みを解くんやろ。余計、私のケロイドが目立つやん。これで全員私に注目してるわ。どうしてくれるの」

私は、そんなふうに考えるひねた子でした。

ところがその女の先生はさらに強く私のことを抱きしめて、こう言い返したのです。

「放っておいていいわけないじゃないですか! さあ、行こう!」

その先生は、私をジャケットで包んだまま医者のもとに連れていき「この子を先に診てあげてください」と頼んでくれました。

検診が終わると、私を教室まで連れていってくれました。私は「自分で着られる」と言いましたが、先生はダメと言って、自分のジャケットがしわくちゃになるのも構わず、まわりに見えないようにうまく服を着せてくれました。

「よし、これでいい」

そう言われたとき、涙があふれてきました。私は学校で初めて泣きました。それまではケロイドと言われようが、死ねと言われようが、泣いたことは一度もありませんでした。泣いたら負けだと思っていたからです。

泣くもんか、勉強したる、勉強さえしたらなんとかなる。そう思っていました。それなのに、ひとりの人間、ひとりの女の子として扱ってもらえたのが驚きで、そしてこの若い先生の勇気がかっこよくて、凛々しくて、あふれる涙を止めることができませんでした。

私もいつか大人になったら、こんな先生になりたい！　と思いました。

この出来事は、私が保育士を目指した大きな理由のひとつです。

もう、その先生の顔は覚えていません。でも、真っ白いジャケットだけは忘れられません。私は今でも、街で白いジャケットを見ると、あのときの先生を重ね合わせてハッとすることがあります。

自分がしてもらいたかったことを、これからの子どもたちに

私は小学6年生のとき、近くにあった英語教室に通い始めました。そこのアメリカ人の講師が聖書を教えてくれ、次の言葉が記されたカードをくれました。マタイによる福音書の7章12節です。

「何事でも人々からして欲しいと望む通りのことを他の人々にもそのとおりにせよ」

私の頭に稲妻が落ちたような衝撃がありました。

私の幼児期は二度と帰ってこない。ケロイドのない皮膚も帰ってこない。そして、私を産んでくれた大好きなお母さんにも二度と会えないかもしれない。

だけど、これから生まれてくる子どもたちに、私がやってもらいたかったことをしてあげるという道が、私にはまだ残されている！

このとき、私の心は悲しみから解き放たれ、生きる目的が明確になったのです。

この出来事もまた、私が保育士を目指した大きな理由のひとつです。

大学進学にあたり、私は先生になるべく教育学部に行こうと思っていました。父が国公立大学しか認めないと言っていたので受験しましたが、すべて落ちてしまいました。父は「女の浪人は許さない、銀行で働け」と、父の取引先の銀行で働くよう私に言いました。先生になりたかった私は、そんなのいやでした。なんでもいいから先生になりたい、と思っていました。

そのようなとき、高校の進路相談の先生が「保育士の資格を取らない？」とアドバイスをくれました。保育士の資格は取るのにあまりお金がかからないから、親の反対を押し切ってでも子どもの先生になれるよ、というわけです。

私は4人きょうだいの中で最初に生まれたため、小さい子どもたちの世話は得意中の得意でした。

私は、保育の道へ進むことを決めました。

「なりたい母親」になれない

母と生き別れになったとき、母は24歳でした。当時の母と同じ歳になったとき、私自身も親になりました。

21歳で結婚し、24歳で女の子を授かったのです。「ひとみ」と名づけました。

私は、結婚したら絶対に夫婦仲良くして、子どもを大切にする。自分の両親のように離婚せず明るい家庭をつくるんだ、そう強く決心していました。

ところが、うまくいかないものです。頑張ったけれども、私も毎日夫婦げんか、親子げんか。子どもを叱ってどなって叩いて後悔して、また、叱っての連続でした。

夫に隠れてお酒を飲むようになり、タバコも吸うようになり、掃除も洗濯も料理もせず、家は散らかり放題。外面だけいい、ネグレクトの母親になりました。

そんな私を夫は当然、責めました。夫は、私にちゃんとした主婦、立派な母親になってもらいたかったのです。夫は毎日私を叱ったり、責めたり、脅したりして導こうとしました。私は叱られれば叱られるほど、自信を失くし、夫に隠れてお酒を飲み、タバコを吸い、嘘をつくようになりました。

このままでは、自分がダメになってしまう。

家を出て、人生をやり直したい。

自分の気持ちを夫に打ち明けると、娘を置いていくように言われました。経済的には、娘は夫と暮らしたほうが安定します。私は悩んだ末、聞いてはいけない質問を娘にしました。

「お父さんとお母さんが離婚したら、どっちと暮らしたい？」

娘は穏やかに答えました。

「どっちでもいいよ。お母さんが笑顔になるほうがいい。どっちがお母さんが笑顔になるの？」

私は驚きました。娘は自分の気持ちよりも、私のことを考えてくれたのです。私は自分が恥ずかしくなりました。

「お母さんはあなたと一緒のほうがいい。あなたがいてくれたら、お母さん、頑張れる」

母子家庭でも、笑顔いっぱいの暮らしにしようと心に誓いました。

娘と2人、ランドセルだけ持って家を出て、ラーメン店に住み込みで働き始めました。

それでも、人はそんなには簡単に変われないものです。

相変わらずキッチンドリンカー、ヘビースモーカー、酔っ払ってはわが子への暴言暴力。母子家庭で貧困。

変われない自分が情けなくて、許せなくて。

リストカットをくり返し、高層マンションから飛び降り自殺をしようとしたこともありました。

人生を変えた1冊の本との出合い

そんな折、あるボランティア活動で知り合った学生に、娘がプロポーズしました。

「お兄ちゃん、お母さんと結婚して！」

「どうして？」

「お兄ちゃんといるとき、お母さんが一番幸せそうな顔をしてるから」

そんな娘の言葉をきっかけに、学生は本気でバツイチ&子持ち&10歳年上の私と結婚したいと言ってくれました。

私は悩みに悩みましたが、藁にもすがる思いで再婚しました。今度こそ、笑顔いっぱいの幸せな家庭をつくれると思いました。

しかし、相変わらず、お酒とタバコはやめられませんでした。年下でやさしい夫を怒らせるようなことばかり言い、娘に正しさを押しつけて怒鳴りつけ……理想の保育園を目指して家庭保育を始めましたが、経営がうまくいかず、倒産寸前まで陥り、にっちもさっちもいかなくなりました。

誰か助けて！

もだえ苦しんでいたとき、私は1冊の本に出合いました。

アチーブメント株式会社の主席トレーナーである佐藤英郎先生の著書『気づく人気づかぬ人』です。

「しかし、このとき私は、『失ったものを数える』代わりに、『残っているものを数えよう』としたのです。すると、まず自分自身が残っていました。まだ頑張れる情熱が残っていました。そしてもう一度やってみようという希望が残っていたのです。」

この一文に目が覚めました。

これが、選択理論心理学との出合いでした。

ここから、私の人生が劇的に好転していったのです。

私がずっとほしかったもの

佐藤英郎先生の本を読んだ私は、いてもたってもいられず、出版社にメールを送り、この本に書いてある考え方はどこで学べますか？　と聞きました。すぐに返信が届き、専務取締役の青木宏子さんのおすすめで、アチーブメントの青木仁志社長の無料セミナーに行くことになりました。

そこで一番心に残ったのは、あみだくじの画像でした。「結果から逆算して生きる技術」。

私の人生はいつも行き当たりばったりで、頑張っているのになんだか報われない。甲斐のない人生を送っていました。ゴールから逆算して生きるなんて。

でも、私にとってゴールってなんなの？

そこに、アチーブメントピラミッドという図が映されました。

「人生理念」――あなたは誰のために、何のために生きていますか？　という問い。

そんなこと、考えたこともない。でも、知りたい。私は何のために生きているんだろう？

幼いころから、私はずっとお母さんを守って、お母さんを幸せにするために生きていました。だけど、生き別れになったときから、その目的を失っていました。

私がほしかったものは、何だろう？

それを見つけたいと思った私は、夫に相談して、アチーブメントスタンダードコースを受講して、さらに学びを深めることにしました。

私がずっとほしかったもの、それは家族愛でした。けんかのない、温かで、やさしい家庭。

愛、平和、感謝、希望が私の人生理念。

ビジョンには、家族みんなが笑顔！

目標には、娘との和解。

日々の計画に、毎日、娘のために手づくり弁当をつくる。

そして、それを実践しました。

抱きしめるから愛が生まれる

当時、娘は19歳になっていました。私がいつもイライラして叱りすぎたせいか、かなり反抗的になっていて、なかなか和解ができなくなっていました。

娘には、小学生くらいから自炊をさせていました。私がいつ死んでも困らないようにと考えて自立を勧めていたつもりでしたが、よく考えたら、まだお母さんの味が恋しい年頃です。私は娘に対して厳しすぎて、かわいそうなことばかりしていたのです。

そう考えた私は、久しぶりに朝から起きて、お弁当を作りました。

ところが娘は、「要らない!」と言って、私とお弁当を振り払いました。さらに、「お母さんのこと嫌い!」と言って、出て行こうとしました。

私は愕然として落ち込みそうになりましたが、

「ごめんなさい、私が悪かった。怒ってばっかりでごめんなさい! これからはあなたと仲良くしたい、それだけでいい!」そう言って、もう一度娘にお弁当を差し出しました。

娘は少し驚いて、仕方なくお弁当を受け取って学校に行きました。

それからも、娘のことを思いながら、毎日毎日お弁当を作りました。

買い物に行き、あの子はナスが好きだった、かぼちゃも好きだったと、食材をかごに入れていると、涙があふれてきました。私はこんなにあの子を愛している。あの子が喜ぶ行動を選んだら、感情は、娘への怒りから慈しみと愛に変わりました。

愛してるから抱きしめるのではなくて、抱きしめるから愛が生まれることを、実感しました。


そして、お弁当をつくり始めて1週間ほど経ったころ。娘から1通のメールが来ました。

「やっぱりお母さんのつくったご飯はおいしい」

私は携帯電話を持ったまま、泣き崩れました。本当にかわいそうなことをしていたと、後悔しました。

この出来事をきっかけに、壊れかけていた娘との関係は、驚くほどよくなっていきました。娘は学校の成績もどんどんよくなりました。無理だといわれていた看護師の国家試験も、試験当日の朝、笑顔で「お母さん、合格して来ます！」と言って、本当に一発で合格しました。

——

ちょっとしたきっかけで、人生はガラリとよくなる。

誰でも身につけられる「技術」で、苦しかった、つらかった悩みが霧が晴れるように解消していく。

子育てに悩むすべてのお母さんに、そのことを伝えたい。そう考えて、これまで私が学んできたこと、私なりに伝えられることを、この1冊にまとめました。

第1章では、子育てに悩んでいる、苦しんでいるお母さんに、まっさきに伝えたいこと。お母さん自身を満たす方法をご紹介します。

第2章では、保育園の力を上手に借りて、チームで子育てする方法をお伝えします。家の中で、ほとんどひとりきりで子育てをするお母さんが多い昨今、外とのつながりを持ちながら育児をすることで、お母さんの負担はぐっと軽くなります。

アチーブメント出版　書籍ご案内

http://www.achibook.co.jp

薬に頼らず血圧を下げる方法

25万部突破！

加藤雅俊／

血圧を下げるのに、降圧剤も減塩もいらない！　薬剤師・体内環境師の著者が教える、たった１分の「降圧ツボ」と１日５分の「降圧ストレッチ」で血圧を下げた人が続々！　血管を柔軟に、肺活量をアップして、高血圧体質を改善する方法。

◆対象：高血圧の人、減塩食や降圧剤に嫌気がさしている人

ISBN978-4-86643-005-8　B6変形判・並製本・192頁　本体1,200円＋税

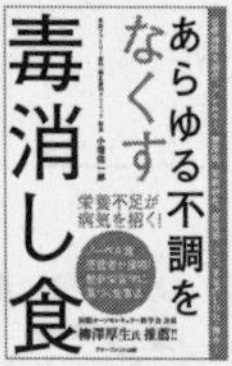

あらゆる不調をなくす毒消し食

5万部突破！

小垣　佑一郎／

ノーベル賞受賞者が提唱した最新栄養学に基づく食事法。国際オーソモレキュラー医学会会長柳澤厚生氏推薦！　食べ物を変えるだけで細胞からみるみる元気になる！　２５０００人が実践したデトックス食事術です。

◆対象：食事で健康を保ちたい人、体の不調が気になる人

ISBN978-4-86643-049-2　B6変形判・並製本・328頁　本体1,400円＋税

みるみるやせる・血糖値が下がる 最強の糖質制限ガイドブック

水野雅登／

「糖質制限しているのにやせない…」「どうしても続けられない！」人も、いくつかのコツを抑えれば、糖質制限を無理なく続けてダイエットや健康を取り戻すことが可能！　生涯、健康でいられる最強の栄養療法を伝授する一冊。

◆対象：ダイエットをしたい人、糖質制限の正しい知識を知りたい人

ISBN978-4-86643-056-0　A5判・並製本・152頁　本体1,200円＋税

妊娠率８割　10秒妊活

くろせまき／

２万人の妊産婦をケアする
日本一出産する病院の助産師が明かす
日本一手軽な妊活法

◆対象：子どもが欲しい人、妊娠しやすい体に整えておきたい人

ISBN978-4-86643-051-5　A5判・並製本・144頁　本体1,300円＋税

薬に頼らず 子どもの多動・学習障害をなくす方法

藤川徳美／

かんしゃく、無気力、朝起きられない、勉強についていけない……といった「困りごと」や、ＡＤＨＤや学習障害、自閉症などの発達障害は、質的栄養失調が原因だった！心と体が不安定な子どもを薬に頼らず改善させる、食事のとり方がわかる一冊。

◆対象：子どもの不調が気になる人、子どもの心と体を食事で健康にしたい人

ISBN978-4-86643-059-1　四六判・並製本・208頁　本体1,300円＋税

〒141-0031　東京都品川区西五反田2-19-2 荒久ビル４F
TEL 03-5719-5503 ／ FAX 03-5719-5513
[公式ツイッター]@achibook
[公式フェイスブックページ]http://www.facebook.com/achibook

食べる投資

満尾 正／著

最新の栄養学に基づく食事で、ストレスに負けない精神力、冴えわたる思考力、不調、痛み、病気と無縁の健康な体という最高のリターンを得る方法。ハーバードで栄養学を研究し、日本初のアンチエイジング専門クリニックを開設した医師が送る食事術。

◆対象：日々の生活や仕事のパフォーマンスを上げたい人

ISBN978-4-86643-062-1 四六判・並製本・200 頁 本体 1350 円＋税

超・達成思考

青木仁志／著

成功者が続出！ 倒産寸前から一年で経常利益が 5 倍に。一億円の借金を、家事と育児を両立しながら完済。これまで 40 万人を研修してきたトップトレーナーによる、28 年間続く日本一の目標達成講座のエッセンスを大公開。

◆対象：仕事、人間関係、お金など悩みがあり、人生をより良くしたい人

ISBN978-4-86643-063-8 四六判・並製本・168 頁 本体 1350 円＋税

産科医が教える

赤ちゃんのための妊婦食

宗田哲男／著

妊娠準備期から妊娠期、産後、育児期の正しい栄養がわかる一冊。命の誕生のとき、人間の体にとって本当に必要な栄養とは何か？ 科学的な根拠を元に、世界で初めて「胎児のエネルギーはケトン体」ということを発見した、産科医が教える。

◆対象：妊娠中の人、妊娠を考えている人

ISBN978-4-86643-064-5 A5 判・並製本・312 頁 本体 1600 円＋税

新版 愛して学んで仕事して
～女性の新しい生き方を実現する 66 のヒント～

佐藤綾子／著

400 万人に影響を与えた日本一のパフォーマンス心理学者が科学的データを基に渾身でつづった、自分らしく人生を充実させる 66 の方法。

◆対象：生活・仕事をもっと効率化したい人

ISBN978-4-86643-058-4 四六判・並製本・224 頁 本体 1,300 円＋税

人生 100 年時代の稼ぎ方

勝間和代、久保明彦、和田裕美／著

人生 100 年時代の中で、力強く稼ぎ続けるために必要な知識と概念、思考について、3 人の稼ぐプロフェッショナルが語る一冊。お金と仕事の不安から無縁になる、時代に負けずに稼ぎ続けるための人生戦略がわかります。

◆対象：仕事・お金・老後に不安がある人、よりよい働き方を模索する人

ISBN978-4-86643-050-8 四六判・並製本・204 頁 本体 1,350 円＋税

グラッサー博士の選択理論 **全米ベストセラー！**

～幸せな人間関係を築くために～

ウイリアム・グラッサー／著
柿谷正期／訳

「すべての感情と行動は自らが選び取っている！」
人間関係のメカニズムを解明し、上質な人生を築くためのナビゲーター。

◆対象：良質な人間関係を構築し、人生を前向きに生きていきたい人

ISBN978-4-902222-03-6 四六判・上製本・578 頁 本体 3,800 円＋税

そして第3章では、私が経営する森の保育園で取り入れている、育児の「技術」について、家庭でも応用できるものをまとめました。技術を知ることで、子育てはもっと楽に、楽しくなります。

そして最後の第4章では、ともに子育て支援をする仲間、保育に携わる方に向けて、私が経営する森の保育園での取り組みをご紹介しています。

Ｈａｐｐｙ子育ては、みんなで叶えていくもの。日々子どもと向き合うお母さんや家族だけでなく、子どもの育ちを見守る保育者や保育園の経営者も一緒になって、子どもの健やかな育ちを見守りたいと考えています。そのためにできることの輪を広げたい思いからお伝えします。

どうぞ、気になった項目からご覧ください。

この本が少しでも、あなたと、あなたの大切な人の笑顔が増える一助となれば、これにまさる喜びはありません。

第1章

まずは、お母さん自身を満たそう

子育てを楽しめないのは、ただの「技術不足」

みなさんは、子育てを楽しんでいますか？

笑顔で子育てしていますか？

楽しいこともあるけれど、楽しんでばかりはいられない。ついイライラしたり、子どもを怒ってしまって自己嫌悪に陥ってしまう。そんなことも、当然ありますよね。


それでは、なぜ、子育てを楽しめないのでしょうか。

子どもへの愛情が足りないから？

いいえ、違います。

その答えは簡単。「子育ての知識と技術」がちょっとばかり不足しているからです。


子育ての知識と技術なんて、むずかしそう……。

そのような不安を感じるかもしれません。

でも、心配いりません。車を運転するには、知識と技術が必要です。子育ての場合も、じつは同じ考え方なのです。

小学生レベルの生きる技術しか持たないで、大学生活を送るのはつらいですよね。小学生には小学生なりの生きる技術があり、大学生には大学生としての生きる技術が必要です。さらに、大学生の生きる技術しか持たない人では、社会に出て通用しません。社会人になれば、社会人としてのマナーを身につけますよね。

誰もが、それぞれのステージに必要な生きる技術を身につけているわけです。

子育ても、じつはこれとまったく同じこと。結婚して親になったら、子育ての知識と技術が必要で、それを身につければいいだけなのです。**子育ては、必要な知識と技術を身につければ、ぐんと楽に、楽しくできる**ものなのです。

では、具体的にどんな知識、技術が必要なのでしょうか。

まず「知識」。これは、子どもの成長に応じた食事や適した住環境、遊び、学び、病気や発達心理など、じつに多岐にわたります。

でも、こうした知識は育児書をめくれば手に入ります。今ならわからないことがあれば、すぐにインターネットで検索できます。知識を得るのはむずかしくありません。

問題は「技術」です。

かつては、子育てをはじめとするさまざまな知識や技術は、自然と身につけることができていました。

わかりやすいのが、3世代が暮らす昔の大家族です。子どもたちはおじいちゃんやおばあちゃんから多くを学んで育ちました。外遊びが盛んで、学年の違う子どもたちとの触れ合いを通して、お兄ちゃん、お姉ちゃんの生きる技術を見よう見まねで吸収できました。いろんな世代の人たちとの交流を通して、コミュニケーション技術も鍛えられました。

経済成長が著しかったころの日本の会社には育成力がありました。社会に出ても、会社の上司や先輩が、新人をイチから育てる余裕がありました。

今はどうでしょうか。核家族になり、ゲームが普及し、異年齢による外遊びが激減しました。都会では近所付き合いもほとんどありません。

かつては隣近所を含めた地域から学べたことも多かったのですが、今は学ぶ機会自体が少なくなっています。親としての技術を、自分の親からしか学べない方が多いのです。それすら、親と離れ離れに暮らしている場合、常に学べる状態ではありません。
だからこそ、子育ての技術を意識的に身につけなければならないのです。

自分が生んだ赤ちゃんが、はじめて本格的に触れる赤ちゃん。今は、そんなお母さんが圧倒的多数です。

だから、赤ちゃんがなぜ泣くのかわからないのも仕方のないことなのです。

私は、祖父母と両親、３人の弟妹の８人家族で育ちました。私は子どものころからおむつを替えたり、お風呂に入れたりと、弟や妹の世話をしてきました。母親になるずっと前、子どものころから子育てを疑似体験しているのです。

今のお母さんはそうした経験がほとんどないのに、出産後、何の知識も技術もないままお母さんとなって、いきなり赤ちゃんを育てなければならなくなってしまうのです。戸惑って当然です。

周囲は「親は育てて当たり前」と見てきますが、そんなに簡単ではないですよね。

子育ての技術を身につけなければならないこと。

メンタル面でも親として変わっていかなければならないこと。

今どきの育児は、この二重の大変さがあるのです。

突然、自由も達成感も奪われるお母さん

とりわけお母さんにとって、現代の子育てには2つの壁があります。

いきなり自由がなくなること。

達成感がないこと。

この2つです。


まず、子育て自体が、お母さんたちの自由を奪ってしまいます。

もちろん、子育ては楽しい、赤ちゃんは可愛いと感じる。

けれども、赤ちゃんをあやしつけて、やっと寝たからお茶を一杯飲んでひと息つこうとすると、ギャーッと泣き出す。自分が寝ようと思うと、おっぱいを飲みたがる。

夫に愛していると言おうとしたら……うんちが出る。

「私の時間はどうなっちゃったの？」

と思うわけです。

薪を割って、かまどで米を炊いていた時代の人たちは、そもそも自分の自由な時間なんてありませんでした。朝から、やらなければならないことだらけだったからです。

そこまで昔ではなくても、昭和の大家族は大忙し。上の子たちは学校から帰ったら下の子たちの面倒を見たり、家の手伝いをしなければなりませんでした。私も8人家族だったので、学校から帰っても自由な時間はありませんでした。「あれしろ、これしろ」と言いつけられたものです。あのころは「せめて友達と電話で話す時間をください」というくらいの感覚。子どものころから自由のない生活が当たり前でしたから、いざ自分が子育てすることになっても不自由なんてほとんど感じません。

ところが、ひとりっ子や2人きょうだいで育ち、学生時代や社会人時代は趣味に海外旅行に恋愛にと、自由を謳歌してきた女性がいきなり赤ちゃんを産んで親になったら、それまでの生活とのギャップが大きい。不自由を感じるのは当然のことです。

2つ目の壁は、達成感のなさ。

子育ては、仕事や大学時代の学びのような達成感を味わいにくいのです。

仕事や学びでは、成果を上げればお給料がもらえ、上司や先生にほめられることもありますが、子育てにはそれがありません。ろくに睡眠もとらずに頑張って赤ちゃんの夜泣きにつき合っても、夜勤手当もつきません。

子どもと関わっていると、それだけで手いっぱい。「今日やろうと思っていたあの家事も、この家事もできなかった……」ということはよくあることです。

小さい赤ちゃんとふたりきりで一日を過ごしていると、「もう社会復帰できないんじゃないか」と焦りを抱いてしまうのも、不思議ではありません。

昔は、9人家族で3世代いたら、おばあちゃんがほめてくれるし、おじいちゃんが支えてくれたり、たまにはもう休みなよ、と言ってくれることもあったでしょう。「私も経験あるけど、この年のころが一番つらいんだよね、夜中起こされて」と共感してくれる人も周囲にいましたが、今はそれもなかなかありません。

それどころか、仕事をセーブして育児に専念していれば「一日中家にいられて楽しそう」「働かなくていいなんて最高」なんて言われ、悶々としている保護者の方もいます。今の子育て中のお母さんは、どうしても達成感を得にくいのです。

では、この2つの壁を乗り越えて、喜びや楽しみに満ちた子育てをするには、どうしたらよいのでしょうか？

答えは大きく分けて2つ。ひとつ目は、お母さん自身が「セルフコントロール技術を身につける」こと。もうひとつは、「子どもを育てるための、育児の技術を身につける」こと。後者は第3章で詳しく紹介します。ここでは、まず、いちばん最初に取り組みたいセルフコントロール技術についてご紹介します。

子育ての技術

セルフコントロール編

①人生の目的を明確にする

お母さん自身が「大事にしたいもの」は何ですか？

「セルフコントロール」といっても、何のことだろう？

そう思う方もいるでしょう。何をどうすればいいかわからないかもしれませんね。

まずは、自分の人生理念やビジョンを明確にすること。

これがスタートラインです。

会社じゃあるまいし、人生理念？

急にむずかしい言葉が出てきて、戸惑うお母さんもいるかもしれません。

人生理念とは、わかりやすくいえば、「自分の生きる目的」のことです。

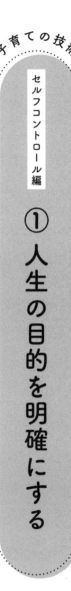

アチーブメントピラミッド

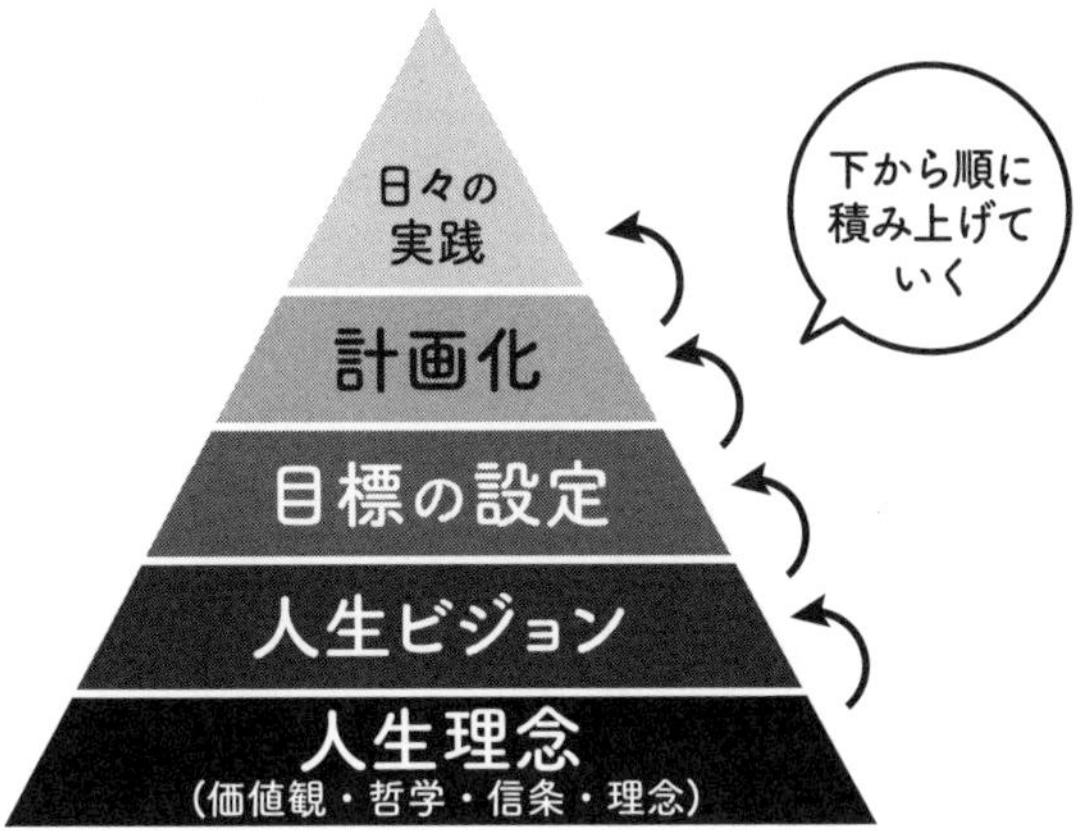

会社も、理念が明確であれば社員はどんな行動をとればよいか迷いません。理念があれば、頑張るところは頑張って、こらえるところはこらえられるけれど、理念がないと場当たり的な対応になってしまいます。自分の人生も、会社の経営と同じです。

自分の人生の目的がわかっていないと、先の見通しもなく、判断の軸もなく、気分次第の子育てになってしまいます。

次の図を見てください。これは「アチーブメントピラミッド」と呼ばれるものです。

一番下の土台は人生理念。自分の生き

る目的です。

その上に人生ビジョン、目標、計画、日々の実践を積み上げていきます。

目的から日々の実践まで、一貫した生き方をすることが大切なのです。そのために次の4つを考えてみてください。

1. 私は何を求めているのか？ 私にとって一番大切なものは何か？ 私が本当に求めているものとは？
2. そのために「今」何をしているのか？
3. その行動は私の求めているものを手に入れるために効果的か？
4. もっとよい方法を考え出して実行してみよう。

ちなみに、はじめて私が自分が求めているものを聞かれたときは、カラオケと居酒屋とディズニーランド、そしてバケツいっぱいのプリンしか思い浮かびませんでした。

そのときの私の人生には不安と不満は山ほどありました。

夫に対する不満、上司に対する不満、しまいには区議会議員や総理大臣に対してまで不満でいっぱいでした。

けれども、振り返ると、これまでの自分自身の中に、人生の目的や明確な願望がないことに気づいたのです。

もちろんそれまでも、生きることは大切だと考えていましたし、仕事も真面目に精いっぱい取り組んでいました。でも、園長になりたくて園長になったわけではない、ただ目の前の困っている人たちの役に立ちたくて取り組んでいただけ。気がついたら自分で保育園を経営して、園長になっていたのです。

そんな私が、45歳になって改めて「人生の目的」を考えるために自分と向き合ってみました。そして、わかったのです。

「家族愛」

私がずっとほしかったもの。私は幼いころから、夫婦げんかのない、温かくて明るい家庭がほしかったのです。本当は手に入れたくて、でも、手に入れる方法がわからなくて、しゃにむに働くことでごまかしていました。

私は、こんな私を選んでくれた娘と夫のことを思い出しました。

私はやさしいお母さんになりたい！

夫への感謝を体現できる人間へと成長したい！

そう思い、当時の私が考えた人生理念は「愛と平和と希望」でした。


自分の生きている目的が少しわかってきたとき、私は自分を大好きになりました。

私は人の批判ばかりしながら、そのじつ、心の中では誰よりも自分をダメな人間だと思っていましたが、自分の願望を明確にしたとき、私は心から自分を愛おしく思えるようになりました。

不思議なもので、自分を好きになると、人のこともどんどん許せるようになるのですね。

他人と自分との価値観の違いも受け入れられるようになってきました。

次に考えた、私の人生理念にもとづくビジョンは「みんな仲良し！」。

当面の目標には、娘と和解、職員と保護者への傾聴。

日々の計画には、プロローグでもご紹介しましたが、早起き、娘への弁当づくりを掲げて実践しました。

私は、9歳で別れたお母さんにしてあげられなかったことを、多くのお母さんたちにしてあげたい、と思っていました。だから保育士になり、保育の質にこだわり、とうとう自分で保育園までつくってしまったのです。

「家族愛を夫とわが子のために築き、幼児教育の専門技術を生かして多くの子育て中の方々にも家族愛を提供できる人になる」という「自分の人生の目的」が明確になったとき、さまざまなことの優先順位が見えてきました。

とくに、時間とお金の使い方の優先順位が変わりました。限られた時間とお金をなんのために使うのか。いつも、どちらを選べば自分の人生の目的を果たすのに効果的か、で判断すればよいからです。そこに迷いがなくなったとき、さまざまな出来事や問題解決がとてもスムーズになりました。

子育ての技術

セルフコントロール編

②時間のマトリックスを知る

子育てがうまくいかないのは「目標から上」で生きているから

たとえば、家族の健康を考えて、忙しくても食事はきちんと手づくりしよう、と思ったとします。

けれども、保育園に子どもを迎えに行くと、お友だちと遊んでいつまでも帰らない。やっと買い物に行けば、子どもはあっちへ行き、こっちに行き言うことを聞かずに、目当てのものをかごに入れるのもひと苦労。

その結果、夕食の支度が遅くなり、玉突きのように子どもの就寝時間も遅くなってしまった……。

よくある光景ではないでしょうか。

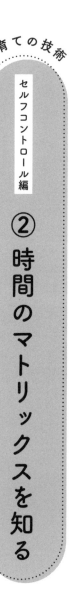

「子どもが言うことを聞いてくれない！」と、イライラ・がっかりしてしまうお母さんは、多いのではないでしょうか。

でもこれは、子どもが言うことを聞かないことが原因ではありません。じつは、願いと行動が一致していない自分自身にいら立っているのです。

「健やかな家族を築きたい」という理念があるとします。それなのに、「スケジュール通りにならないじゃないか」と子どもの手を引っ張っていると、願いと行動が違ってしまい、イライラしてしまうのです。

アチーブメントピラミッドでいえば、スケジュール通りにすませることは、目標から上に該当します。子育てを楽しめない人は、だいたい目標から上で生きています。私自身もかつてそうでした。たとえば「礼儀正しい子に育てる」といった目標だけを追い求めてしまっていました。

目標を立てることは大事。目標に向かうことは大事。

でも、理念やビジョンといった目的（土台）から、一貫して目標を立てて行動しなければ、あなたが本当に求めているものは得られないのです。ここで大事なのは、「子どもと愛し合いたい」といった土台にある理念の部分なのです。

「急ぎじゃないけど大切なこと」をあえて選ぶ

「パレートの法則」というのがあります。

人生の目的を明確にして、やるべきことの優先順位が高い上位20％をやり遂げれば、求めていることの残り80％は手に入るというものです。

なんだか信じられませんよね。

そもそも、その20％とはなんでしょうか。

図を見てください。緊急度と重要度のマトリックスです。

第1象限は、緊急であり、なおかつ重要なこと
第2象限は、緊急ではないけど、重要なこと
第3象限は、重要ではないけれど、緊急なこと
第4象限は、重要でも緊急でもないこと

4つの象限のうち、一番重要なのはどれでしょうか？

パレートの法則

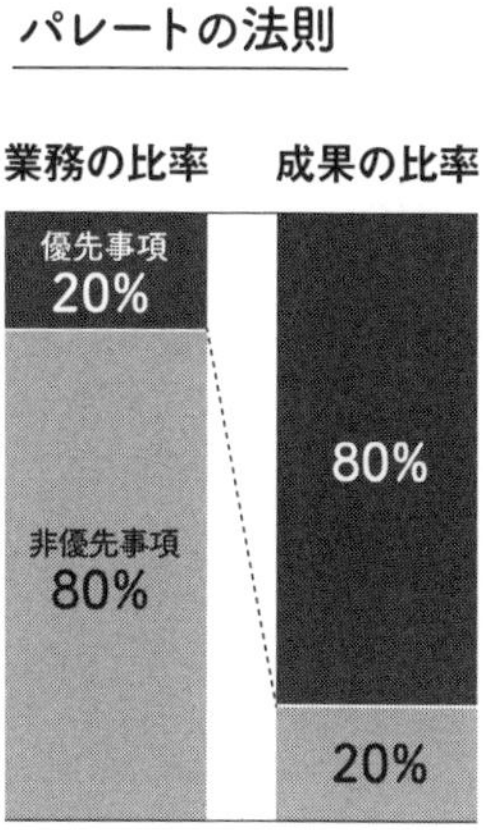

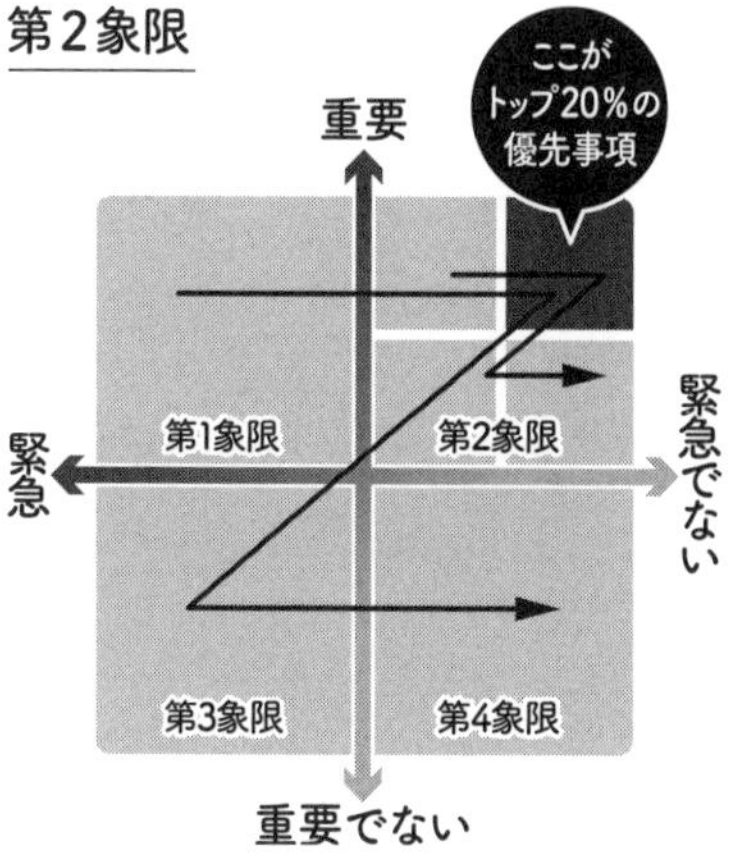

緊急かつ重要な、第1象限と思うかもしれません。でも、じつは最優先すべきなのは、「緊急ではないけれど重要」なのです。これが20%です。ここに含まれるものこそが最優先すべきなのです。意外でしたか？

なぜか、理由を説明します。

子育てしていると、毎日がてんやわんやです。しかし、スケジュールに追われているということは、第1象限に追われてしまっているのです。

第1象限は重要かつ緊急のことですが、大切なものを大切にするには、「追われない」余裕を持つことがとても重要です。だから、「緊急ではない」けど、

「重要」な第2象限を最優先にするのです。

「はじめに」で、私が娘に毎日お弁当を作ったエピソードをお伝えしましたが、それが実現できたのも、じつはこの法則のおかげです。

当時の私は、一番大事な、「緊急ではないけれど重要なこと」の第2象限に、時間とお金を費やすことをしていませんでした。緊急なことに追われたあとは、どうでもいいことに振り回されて、最後はビールを飲んでテレビを観て、ムダに時間を使いながら「忙しい、忙しい」と言っていました。

でも、私にとって、緊急ではないけれど重要なことである「第2象限」は、家族と温かな関係を保つための時間。

家族愛を育むために、母親として成長する必要がある。読書やセミナーなど自己研《けん》鑽《さん》の時間でした。しかし、それらがまったくできていないことに気づきました。

そこで、毎晩ベロンベロンになるまで飲んでいた時間を、次の日の朝ごはんの下ごしらえや洗濯などの時間に変えました。朝も、二日酔いでギリギリに起きていたのを

2時間前に起きて、読書や朝食、お弁当をつくる時間を取れるようになりました。後回しになっていた掃除・洗濯・整理整頓も、私の人生の土台にある家族愛に不可欠とわかり、優先順位を上げて取り組むようにしました。仕事のあと、友だちとダラダラおしゃべりするのをやめて、夕食や明日のお弁当の買い物に行きました。

すると、家がきれいに片づき、手料理をみんなで味わう団らんが手に入りました。

大切なものを大切にするために、日々の行動を変え、家族が喜ぶ行動を選んだら、感情も、怒りから慈しみと愛に変わりました。

優先順位が変われば、成果・結果は激変します。

この4つの象限の考え方は、私も目からうろこでした。そういうことか。これで私のイライラはなくなるぞ、と思って実践してみたら、予想通りでした。

第1象限に追われて大切なものを見失わないように、第2象限を優先するために、できることを考えましょう。

たとえば、買い物が大変なら、食材の宅配サービスを使ったり、日曜日のうちに買いだめしておいたり、ネット通販を活用したり、自分が買い物している間に子どもと遊んでもらうファミリーサポート（ファミサポ）さんに依頼するなどです。事前対応をしておくことで、本当に大切にしたいものを大切にできるようになっていきます。そこにあてる時間とお金は、消費ではなく未来への投資なのです。

まずは子どもの要求にトコトン付き合ってみる

第2象限を優先する手法は、森の保育園で取り入れることもあります。

散歩から帰ろうとすると、「いやだーっ」と泣き叫ぶ子がいました。あるとき、経験豊かな保育士にお願いして、事前対応で休憩時間をずらしてとってもらい、子どもが「帰りたい」と言うまで散歩に付き合ってもらうことにしました。

午前中から散歩に出て、さすがに3時を過ぎたころ、本人が「お腹すいた、帰る」と言い出しました。

「そう。先生もお腹すいたから帰ろうか」

「うん」

その子は普段は給食をほとんど食べず、昼寝もしなかったのですが、その日は散歩から帰ってきて給食をモリモリ食べて、バタンキュー。すぐにお昼寝しました。

そしてそれ以来、職員に無理を言わなくなったのです。保育士が「帰る？　もう帰る時間だよね」と言うと、「帰る」と言うようになりました。

まず相手の欲求を満たしてあげることを優先すると、相手も相手の欲求を満たす心が育まれるのです。

こんなこともありました。

私の娘が4歳くらいのとき「お母さん、仕事行かないで」と泣いた日がありました。

そのときすでに選択理論を学び始めていた私は、仕事先に「すみません、子どもが『行かないで』と泣くので今日は行けません」と電話しました。そうしたら「子どもが不安定なんだったら、落ち着いてからでいいよ」と言ってくれました。

仕事はキャンセルできないというのは私の思い込みだったのです。私は「そうかキャンセルできるんだ」とわかりました。

そのときから、子どものほうが大事だという生き方に変えたら、子どもは二度と「お母さん、会社に行かないで」と言わなくなりました。それどころか、自分で鉛筆を持って職員会議に一緒に参加するような子になって、今ではとうとう森の保育園の園長になりました。跡継ぎです。

とにかく、一番大事な人を、一番大事にする。

夕飯の支度は、誰のため、なんのためにしているのか？

子どもに振り回されて、いつもなら夕方6時がご飯なのに、その日は9時半くらいからご飯、になってもかまわないのです。

「この子が遊びたがったから、とことん付き合ってみた」

そう、胸を張って選択してよいのです。

そんなことをしたらわがままな子になると思うかもしれませんが、逆です。子どもの気持ちを大切にしたら、子どもも大人のことを引っ張りまわしたりしなくなります。

「ぼく・わたしと仕事、どっちが大事なの？」

子どもにそう聞かれたら、

「あなた」

と迷わずすぐに、答えたいですよね。

だから、「第2象限」。緊急ではないけど、重要なことに、あなたの時間とお金を投資するのです。

子育ての技術

セルフコントロール編

③自分の願望を見つめ直す

愛のシャンパンタワー

子どもを大切にする。子どもを優先する。でも、その前にやるべきことがあります。それは、自分を愛することです。

自分を好きになれない人が、他人を好きになれるでしょうか。自分を愛せない人が、他人を愛せるでしょうか。

結婚式のときのシャンパンタワーをイメージしてください。シャンパンタワーの頂点にシャンパンを注ぎます。そこからあふれたシャンパンが次の段、次の段へと流れていきます。

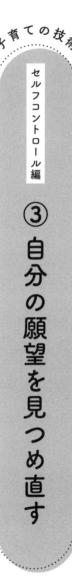

1番上のシャンパングラスが自分です。

2番目がパートナー。

3番目が子ども。

4番目が仕事と仲間。

5番目が親・きょうだい・親戚。

6番目が友人・知人・地域。

まず、一番上の自分に愛を注ぐのです。つまり、自分で自分のことを愛する、ということです。そこからあふれたもので、パートナーや子どもを愛する。さらにあふれて、仕事や親きょうだいを愛する。自分を愛して、そこからあふれたものでしか、パートナーや子どもを愛せないのです。

「自分と自分との関係」がすべてのベース

すべての人間関係のベースになるのは、「自分と自分との関係」です。先ほどのシャンパンタワーの一番上です。

「自分との関係って、いったいどういうこと？」と思うかもしれません。「自分とのよい関係」とは、自分が自分のことを知り、自分を大切に思い、自分に愛情を注いでいる状態です。ひと言で表せば、自分を大好きになることです。

そもそも、自分のことは自分が一番知っているようで、意外と知らないものです。まずは、**自分のことをどれくらい知っているか確認するため、自分の願望を30個書いてみましょう。**

「健康でいたい」
「世界一周したい」
「やせたい」
「有名レストランで食事したい」

なんでもかまいません。思いつくことをどんどんピックアップしてみましょう。30個の願望を思い浮かべるのはけっこう大変です。何日かかけてかまわないので、のんびり書いていってみてください。

その後、書きあげた30個の願望を眺めてみましょう。どうですか、「自分」というものが浮かび上がってきませんか？　自分の願いを叶えたい、と思えてきましたか？

誰の夢や願いも、美しく愛しいものです。自分はこういうことを望んでいる人間なんだ、ということが明確になると、自分のことも愛しく、愛することができるようになります。

5つの基本的欲求

自分をさらに深く知るために、自分の欲求を整理してみましょう。
人には5つの基本的欲求があります。

1　生存の欲求
2　愛・所属の欲求
3　力の欲求
4　自由の欲求
5　楽しみの欲求

この5つです。これは、アメリカの精神科医・故ウイリアム・グラッサー博士による「選択理論心理学」に基づくものです。

1の生存の欲求は、人間に限らずすべての動物が持っています。生きたい、食べたい、眠りたいといった欲求です。

2の愛・所属の欲求は、愛したい、愛されたい、仲間の一員でありたい、人に何かを与えたいという欲求です。

3の力の欲求は、ほめられたい、認められたい、役に立ちたい、何かを達成したいという欲求です。

4の自由の欲求は、のんびりしたい、自分で決めたい、自分で選びたいという欲求です。

5の楽しみの欲求は、ワクワクしたい、笑いたい、遊びたい、どこかへ行ってみたいという欲求です。

それぞれの欲求の強さは、人によって違います。力の欲求が強い人もいれば、弱い人もいる。自由の欲求が強い人もいれば、弱い人もいます。

あなたはどの欲求が強いですか？

5つの基本的欲求

		強い人	弱い人
1	生存の欲求	病気や死に対する不安が大きい、ジェットコースターなんて怖くて乗れない、貯蓄がないと心配、賭け事はやらない、といったタイプ。	徹夜つづきが平気、暴飲暴食が楽しみ、バンジージャンプなんてへっちゃら、賭け事が大好き、冒険も大好き、貯金が苦手。
2	愛・所属の欲求	寂しがり屋、自分とは多少違うと思ってもみんなの意見に合わせられる、愛する人を独占したい、やきもちをやく、スポーツは個人競技よりチーム競技が好き、家族が集まって過ごすのが大好き。	恋愛相手にベタベタされるのが嫌、団体旅行より家族旅行、一人旅が好き、みんなと違う意見でも最後まで反論できる、ユニフォームは苦手、バンドを組むよりソロ、チーム競技より個人競技。
3	自由の欲求	人に指示されるのが大嫌い、洋服は1人で買いに行って自分で決めたい、会社など組織のルールに従うのが苦手、団体旅行のタイトなスケジュールが嫌い、交通渋滞にイライラ。	相手に決めてもらって平気、団体生活も気にならない、アドバイスに素直に従う。
4	楽しみの欲求	好奇心が旺盛、よく笑う、発想がユニーク、読書が好き、新製品をすぐ買いたくなる。	人が笑っていても自分は楽しいと感じないことがある、多くのことに興味を抱くのが苦手。
5	力の欲求	目立ちたい、特別な存在でありたい、勝負にはどうしても勝ちたい、目的は絶対に達成したい、成績はクラスで一番になりたい、リーダーシップをとりたい、仕切りたい。	できれば目立ちたくない、何かの代表にはなりたくない、勝負にそれほどこだわらない、目的を達成できなくても気にならない、仕切るのが苦手。

誰でも、5つの基本的欲求があり、それを全て満たす必要があるのです。人は、自分が求める欲求が満たされると、幸せを感じます。

他人の欲求充足の邪魔をせず、自分の欲求充足を自分でしていくこと。それが上質世界、大人としての責任であると、グラッサー博士は言っています。

ここで一度、自分を見つめ直して、自分の5つの基本的欲求を満たすために必要な人・もの・状況・言葉などを整理してみましょう。もしそれがなかなか思い浮かばない、整理できないとしても大丈夫です。今日から探しましょう。

誰かと会話したり、ショッピングをし

て歩きながら、日々、自分の好きなもの、お気に入りをいっぱい探しましょう。「お気に入り」の数々は、自分の欲求を満たすのに必要な要素です。

人は、それらを脳の中のある場所（上質世界）にイメージ写真（願望）として持っていて、その写真と現状を合わせようとして行動しているのです。そして、現状とイメージ写真が一致したときに人は「幸せ！」と感じるのです。

たとえば極端な話ですが、ある人のイメージ写真が「賭け事とお酒とタバコと浮気」だとしても、その人はそれを求めているわけです。他人からどんなに間違っていると言われても、イメージ写真が変わらない限り、行動は変えられません。

イメージ写真をはがすのは困難ですが、しかし、より素敵だと思うものに張り替えることはできます。自分の頭の中にあるイメージ写真をよく知り、それが健康か、幸福につながるものかどうか、見直すことも大切ですね。

自分の欲しいものやしたいことを知り、わかってあげると、心がとても落ち着きます。自分のお気に入りのイメージ写真を素晴らしいと考えると、だんだん自分に自信が湧いてきます。自分の望みや願いを心から素晴らしいと考えること、それが自分を尊敬するということです。

子育てにとって一番大切なことは、自分が心身ともに健康であること、笑顔でいられること。**自信を持って子育てをするために、まず誰よりも自分をよく知り、大切にして、尊敬することから始めてみてください。**

子育ての技術

セルフコントロール編

④感情と上手に付き合う

ネガティブな感情を抑えなくてもいい

セルフコントロールに関して、ここでひとつ、注意してほしいことをお伝えします。セルフコントロールというと、自分の中に湧いたネガティブな感情を抑え込もうとする人がいます。けれども、それはやめてほしいのです。

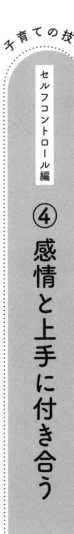

自分の感情を抑えつけると、心のバランスが壊れ、何かが引き金となって病気になってしまう危険もあります。

お母さんは「腹を立ててはいけないんだ。もっとやさしくならなきゃいけないんだ」と思ってしまいがちです。しかし、そんなことはありません。腹を立てていいのです。感情はコントロールできないのですから。

私なんか、普通に腹を立てていますよ。心の中で「ムカつくわ。こんな態度、大嫌い！」と思いながら、顔はニコニコ笑っているんです。

それはうそつきじゃないかと思うかもしれませんが、逆です。どんな感情が湧いてきても、自分の真の願望に向けて行動のハンドルを切っているのです。だから、そのほうが正直に生きていることになります。

「子どもにとって、いいお母さんじゃなければいけない」そう思ってしまいますよね。たとえば在宅勤務中なら、仕事しながら子どもに勉強も教えないといけませんし、子どもと遊ぶ時間も必要でしょう。本当は仕事に集中したいのに、面倒くさいと思いながら、つい無理をしていませんか？　そう感じる自分がいやになりませんか？

いいんです。子どもに散歩をせがまれたら、口で「いいよ」と言って散歩に出ながら、心のなかで「楽しくないな」と思っていればいいのです。行動と思考のハンドルから手を離さない限り、感情に振り回されることはないのです。

選択理論心理学では、人の行動は「行為」「思考」「感情」「生理反応」の4つの要

行動のメカニズム：全行動

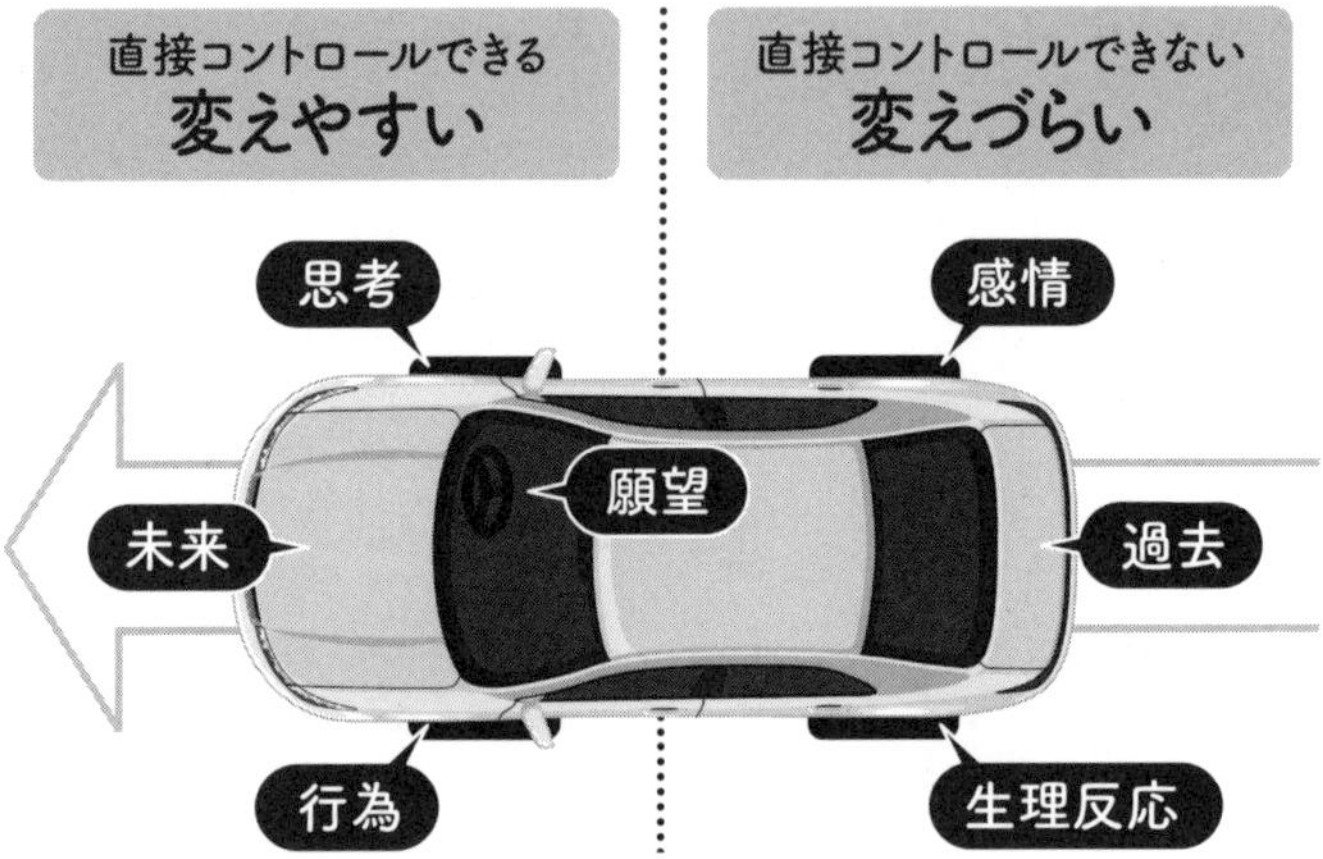

素からなると考えられています。

行為とは、話す、歩く、食べるなどの動作。

思考とは、考える、思い出す、想像するなど頭を働かせること。

感情とは、喜怒哀楽。

生理反応とは、発汗、心拍、あくび、呼吸、内臓の働きなど。

この4つを合わせて「全行動」といいます。

この全行動は、上図のように車にたとえると理解しやすくなります。行為と思考が前輪、感情と生理反応が後輪です。

車の前輪は、ハンドルを操作して、右に行ったり左に行ったり、自分でコントロールできます。これと同様に、行為と思考は自分で操れるのです。

ところが車の後輪同様、感情と生理反応はコントロール不能。前輪が向かう方向についていくしかありません。後輪の感情は、受け入れるしかないのです。自己受容です。「腹立つな、この言い方」「嫌い！　この態度」という感情は抑えられません。

いやだな、と思う感情でも、押し殺さなくていい、受け入れていいのです。

イライラの原因は、子どもではない

「イライラするのは子どもが言うことを聞いてくれないから」

そんなふうに思うことはありませんか？

私もかつては、子どもが反抗するからイライラしていると思っていました。娘が反抗しているとき、「まただ」「もういい加減にしてほしいわ」と思って、後輪がイライラしていて、娘の手を引っ張る行動を取っていました。

でもじつは、イライラするのは子どものせいというのは、私たちの勘違いです。子どもが言うことを聞かないことに対してではなく、言うことを聞いてくれない子どもへの「自分の考えや言動の選択の結果」に対して、イライラしているのです。

過去に、娘が反抗してきたときのことです。私は娘にお茶を1杯入れて、落ち着いて座って、

「お母さん、自分の仕事ばかり優先して、本当に苦労をかけたね。いいよ、好きなだけからんできてちょうだい」

そう話した瞬間、イライラが吹き飛び、娘を抱きしめたい気持ちに変わりました。

試しにイライラしているとき、自分の考えと行動を変えてみてください。イライラがしゅっと抜けますよ。

選択理論は「よける力」

アチーブメント株式会社の講座を受けていたとき、たまたまプロボクサーの方とご一緒したことがありました。

私は、ボクシングはパンチ力がある人がチャンピオンになるのかと思っていまし

た。ところがそのプロボクサーの方が言うには「よける」ことがうまい人がチャンピオンになるのだそうです。確かに、どんなにパンチが強くても、相手に当たらなければダメージを与えられません。

いかに相手のパンチをよけきるか。相手が疲れたときにチョコンとタイミングよくパンチをヒットさせると、倒せるというのです。

それを聞いたとき、選択理論心理学とボクシングはよく似ているな、と思いました。相手がどれだけかからんできたとしても、いかによけられるか。

私は、選択理論心理学とは「よける力」とも言えると思っています。

この「よける力」は、お母さんの強い味方です。というのも、親がよける力を身につけておけば、子どもがいくらからんできても微笑んで受け入れることができるからです。

子どもも、小学校4年生くらいになるとだんだん生意気になって、親を試してくる時期が来ます。「お母さんだって」と反論してくるとき、正面から受けてしまったら腹が立つばかり。いかによけるかが問われるのです。

子どもに腹が立ったとき、ついつい怒鳴っていませんか?

子どもの攻撃を上手によけて、微笑んで立っていられること。これこそセルフコントロール技術です。相手にとても腹が立っているのに、「好きですよ」と言えるということです。これは子育てのものすごい技術なんです。

感情とはまったく違う思考や行動が選択できるようになるのは、選択理論心理学のひとつの醍醐味と、私は思っています。

第2章

保育園と一緒に「つながる子育て」

子育て期間で自分のやりたいことをやる

お母さん、わが子を保育園に預けていることに、罪悪感を抱いていませんか？　自分で立つことも歩くこともできない0歳児を預けている。本当はもっと抱っこしたい。赤ちゃんの成長を間近で見られないのも切ない。

延長保育を利用していてお迎えが遅くなる。わが子は、決まった時間に親と一緒に帰るお友だちを見て、うらやましさや寂しさを感じているかもしれない。

または、熱があるのにすぐにお迎えに行けない。子どもに不安や心細い思いをさせてしまっているかもしれない。

そんなとき、うしろめたさを感じるかもしれません。

私自身も、娘を保育園に預けるときに大泣きされて、うしろ髪を引かれ、会社を辞めようと思ったことがある人間です。だから、すごくよくわかります、その気持ち。共感します。

「子どもが3歳までは、家庭で育てたほうがいい」という話をよく耳にするでしょう。子どもも母親と一緒にいることを望んでいる、というのです。児童心理学者ら専門家の間でもさまざまな意見があるようです。

私の経験からいえば、子どもが一番望んでいるのはお母さんが笑顔であること。子どもたちはお母さんにニコニコしていてほしいのです。

お母さんに輝いていてほしいのです。

だから、「お母さんがどうしたいか」が最優先。

一度、自分に問いかけてみてください。何のためにその仕事をしているのですか？自分の能力を仕事で生かしたい。仕事を通じて、自分自身も成長したい。そう思うなら、迷わず仕事を続けましょう。仕事で輝くお母さんの姿を、わが子に見せればいいのです。

大学を出て、どこかに就職しないといけないから、なんとなく今の職場で働いている、というお母さんもいますよね。

もちろん、生活のために働いて子どもは保育園に預けなければならない、という場合もあるでしょう。

ただ、もし、お母さんが少し収入を下げてでもわが子と一緒にいたくて、それがかなう環境ならば、しばらく仕事から離れて、子どもが成長したら再就職するという方法もあります。

「本音をいえば、もっと仕事に打ち込みたい！」という答えも、「仕事をセーブして、もっと家庭を大事にしたい」という答えも、どちらも間違ってはいません。それぞれの価値観。尊重されてしかるべきものです。

お母さん自身がどうしたいか。まず、これを考えてみてください。

「子どもが1人生まれたら村中の力が必要だ」

「子どもが1人生まれたら、村中の力が必要だ」

これはアフリカに伝わる格言だそうです。

そもそも、たったひとりで、ひとりの子どもを育てられますか？　私はそうは思えません。私たち一人ひとりは至らない。だから、いろんな特技がある大人たちが集まって「みんなで育てませんか？」というのが私の考えです。

人間は、とても複雑な生き物です。人が人として生まれて育ち、社会の中でお互いに支え合いながら生きていく力を身につけるには、いろいろな人の力を借りなければできません。

だから、保育園に「預ける」というよりも、保育園とつながりをつくって「力を借りる」と考えてみてください。

保育園は「チーム育児」ができる場所

森の保育園では、お父さんやお母さんの「体験保育士」を受け入れています。保育士を体験したお母さんからは、たいていこう言われます。

「チームで子どもを育てられて、うらやましい」

私たち保育士はチームです。

片やお母さんはひとり。お母さんは、ひとりでなんでもこなさないといけない場面も多いですよね。

「保育園はチームだから、ご飯を作ってくれる人がいて、洗濯してくれる人がいて、掃除してくれる人がいて、散歩に連れて行ってくれる人がいるからいいな」と、あるお母さんは言っていました。

保育士なら、調理師や看護師ら専門職の人たちがサポートしてくれます。

たとえば、赤ちゃんが下痢気味だったら、「今、この子、お腹がゆるいので、離乳食はもうちょっとやわらかくて消化のいいものにしてください」と調理師さんにお願いすれば、「はーい」と、すぐにその子にぴったりの食事をつくってくれます。

保育中、子どもに発疹が出たとしても、「この子、ちょっと発疹があるんだけど診てください」と看護師さんに言えば、「はーい」と、病院に連れて行ってくれます。

ところが家庭で、お母さんがおもに子育てを担っている場合だと、どうでしょうか。食事なら、子どもの成長や体調に合わせて献立を考え、食材を購入して、調理。子どもの食事をサポートしたり見守ったりして、最後の洗い物まで。

あるいはトイレトレーニングや運動・睡眠の生活リズムをつける、挨拶や整理整頓を教える……など、子どもの月齢・年齢、個性に合わせて、基本的な生活習慣を身につけられるように導く。

子どもの様子を見て、具合が悪そうだと感じたら病院に連れて行く、看病する。

森の保育園には職員が50人ほどいて、このような仕事は、栄養士や調理師、保育士、看護師が分担しています。ところが家庭だと、ともするとお母さんひとりで、すべてをこなさなければいけない状況に陥ってしまうのです。

遠慮することはありません。

昔のお母さんはおばあちゃんやおじいちゃん、隣近所の力を借りていました。そうしたサポートを受けづらい現代のお母さんは、保育園の力を借りればいいのです。

お母さんの「苦手」は、保育園で補える

人は誰しもパーフェクトな存在ではありません。

もしお母さんひとりで育てたら、お母さんの得意分野については、子どもは伸びるかもしれません。でも、お母さんの苦手なことは、子どもも苦手になるかもしれません。

子どもが保育園に通ったら、お母さんの欠けている部分を埋めてくれる保育士がたくさんいます。

ちなみに私はおやじっぽい母親（笑）なので、ハグをしたり、ベタベタするのが苦手。子どもが3歳までの時期は、愛着形成のために十分なスキンシップをしたほうがいいと頭ではわかっていますが、「とりゃー、行くぞー」というサバサバしたノリのほうが好き。だから、子どもがベタベタしてくると、じつは「うわ〜苦手、このベタベタ感」と思ってしまうのです。

でも、保育園には子どもとベタベタすることが得意な保育士がたくさんいます。そうした保育士と接していると、子どもがとってもうれしそうにします。であれば、「先生、そこは任せた！」となるわけです。

あるいは整理整頓。片づけが苦手なお母さんもいるでしょう。保育園では整理整頓などの基本的な生活習慣を徹底的に教えています。

保育園にはたいてい、一人ひとりの棚と引き出しがあって、自分の持ち物を整理整頓して入れておきます。保育士は、「出したらしまう」ことや「次に使いやすいように片づける」ことを教えます。最初はうまくできなくても、整理整頓の重要性にピンと来ていない子どもでも、先生が毎日のように教えたり、まわりのお友だちがやっているのに感化されて、自分から片づけられるようになっていきます。

ひとりで子育てしていると、自分が苦手な部分を自分でカバーしなければならないと気負ってしまうでしょう。でも、子どもが保育園に通っていれば、自分が不得意なところを補ってもらえるのです。私は、このことは、子どもが保育園に通うことの大きなメリットだと思います。

お母さん、堂々と保育園の力を借りて、一緒に子どもを育てていきましょうね。

「親を愛する」保育園をつくりたい

自分が小さいころにしてほしかったことを、子どもたちにしてあげたい。

私は、20歳で保育士になってから、ずっとそう思っていました。

保育や児童福祉の現場で、子どもたちにいっぱい愛情を注ぎたいと思っていました。

ところが、34歳のとき、自分の考えがくつがえされる出来事がありました。

当時、私は児童養護施設で働いていました。児童養護施設とは、いろんな事情で家族と一緒にいられない子どもたちが暮らす施設です。

ある日、全身にタバコの火を押しつけられた跡、焼け焦げだらけで運ばれてきた子がいました。しかも、その年齢には見えないくらい、やせこけて小柄だったのです。

プロ意識を失った私はその子を抱きしめて、思わず「なんてひどいことを」と漏らしました。

その瞬間。私のあごに衝撃が走りました。その子が私のあごにアッパーカットを叩き込んで、弱弱しく、こう言ったのです。

「母ちゃんを悪く言うな！」

母親に火のついたタバコを押しつけられたであろう子どもが、それでも母親を守ろうとするではありませんか。

私はそれまで、自分が親の代わりになって子どもたちを愛そうと思っていました。でも、そのときに考えを変えました。

「親を愛そう」

その子の親が生存している限り、親を愛そう。生存していないケースなら、おじいちゃん、おばあちゃんを愛そう。

子どもは親の幸せを願っている。親を愛することが、子どもの幸せにつながるんだ。そう思い知らされました。

あの出来事は一生忘れません。

「安心・安全に過ごせる」保育園をつくりたい

保育士になってからの私は、いろいろな保育園に勤めてきました。

初めて働いた保育園は、鼓笛隊で有名な保育園でした。運動会の私の役割は、犬のぬいぐるみを着て鼓笛隊に近寄り、ちゃんとしていない子をつねる係でした。私はそこを1年で退職しました。

それから私は履歴書が書けないくらい保育園を転々としました。3日で辞めた保育園もありました。

とある保育園では、経費削減のために、テーブルにティッシュも敷かずに直にお菓子を置いていました。監査のときだけ、お菓子はきちんと可愛いお皿にのせられていました。

「これでいいのだろうか……」

保育の現場で悩みや迷いを抱えていた私は、天に向かって叫びました。

「たったひとつでいい。子どもたちにとって安心・安全な保育園をつくりたい！」

あのころに比べれば、保育業界も大きく変わってきました。子どもの呼び捨てが禁止になり、体罰もなくなりました。

それでも、課題はまだまだ山積み。次に私の前に立ちはだかったのが「保育園で子どもが熱を出したら、保護者は迎えに行かないといけない」というルールでした。

私がある保育園を辞めた、最後の引き金になった事件がありました。

勤めていた認可保育園で預かっていた1歳の赤ちゃんが、39・8℃の高熱を出したときのこと。しばらくお休みするかと思ったら、次の日の朝、お母さんが赤ちゃんを連れてくるではありませんか。お母さんは「36・2℃に下がりました」と言うのです。

ところが、お母さんは「ね、熱はありませんから」と挙動不審。私に赤ちゃんを押しつけるなり、走り去りました。

私はおかしいと思いましたが、とりあえず赤ちゃんを横にしました。鼻汁はドロドロ出てきているし、のどはゼロゼロ鳴っています。保育園の登園禁止ルールは発熱だけです。37・5℃以上なら登園禁止、といったものです。

私は「こんな状態で保育園に来てていいのかな……?」と思いながら、赤ちゃんのおむつを替えたとき、驚くべきものが目に飛び込んできました。

肛門から大量の白い液が出てきたのです。

仕事を休めないお母さんは、解熱用の座薬を入れて、赤ちゃんの熱を強引に下げて、保育園に連れてきたに違いありません。

「これが子育て支援なのか!」

幼稚園と保育園。どちらも子どもを預かるのは同じです。でも、目的が違います。

幼稚園は、文部科学省管轄の就学前教育。

片や保育園は厚生労働省管轄で、養護と教育、そして就労支援が目的。働くお父さんやお母さんをサポートするのも、保育園の使命です。

保育園の仕事の本質は、お父さんやお母さんの就労支援にあるのに、熱があったら預からない、迎えに来なかったら親じゃないと否定する。そんなことだから、親が保育園と仕事の板挟みになって苦しんでいるのです。

赤ちゃんが発熱しても、預かる保育園を

親に寄り添わない保育なんてありえない。

そう考えた私は、自分で保育を始めることにしました。

場所は東京都大田区。日本の中でも待機児童数が多い街。

再婚した私は、その地でまず3年、自宅でひとりで、3人の0・1・2歳児を預かる保育ママの仕事をしました。

大変でしたが、自分が大切にしたいことを大切にできて、自分の保育観を思いきり実践できて、とてもやりがいがありました。

そして、3年後の1999年。さらにたくさんの待機児童を預かるために、一軒家を購入して24時間365日開所の認可外保育施設を経営することにしました。

そのときに私が設立した施設の運営会社の社名が、「育児サポートカスタネット」。

ちなみに、カスタネットとは、カスタマイズド・ケアプラン・フォー・ザ・チルドレン・ネットワークの略です。

カスタネットの経営基本理念は、「保育園のルールに親が合わせる」のではなくて、「親が必要としているものに保育園が合わせる」というものです。

赤ちゃんの体温が38℃でも、39℃でも、預かる。

そんな保育を始めました。

公立の保育園で熱を出した子どもがいたら、私がお迎えに行って、看護師さんらファミリーサポートで契約している人に頼んで、お母さんの仕事が終わるまで預かる仕組みをつくりました。

しかし、当時はたくさんの批判を受けました。「長野眞弓という人間は、儲かるならなんでもする」と陰口も言われました。「長野さんがいたら、お母さんなんていらないよね」と、預かった子どもの前で嫌味を言われたこともあります。

ほかがやっていないことを先駆けてやると、批判を浴びます。

でも、その結果、何が起きたでしょうか。

熱がある子どもを受け入れていると、お母さんは預けっぱなしになるでしょうか。自分優先で遊び歩くようになるでしょうか。

まったく逆です。むしろお母さんは、自分から進んで子どもを迎えに来るようになったのです。

「今、38・9℃熱がありますけど、お母さん、迎えに来ますか？　それともこちらで病院に連れていきましょうか？　それともシッタリングに変えましょうか？」と投げかけると、「迎えに来る」という選択をする方でいっぱいになったのです。

お母さんたちは許されて、受け入れられて、自分の仕事を優先してもらえた結果、ほとんどが、子どもに何かあったら仕事を切り上げてすぐに迎えに来るようになりました。

カラオケに寄ってからお迎えもOK

2006年には、認証保育園として森の保育園がスタートしました。認証保育園は東京都独自の制度で、国の認可基準を満たしていなくても、自治体の基準に達していれば補助金が交付される保育園のことです。

2018年には、保護者の保育料を下げ、職員の待遇を改善するために、国の基準を満たす認可保育園になりました。

認証保育園から認可園に移行するとき、「森の保育園が変わったらいやだ」と、スタッフや保護者、みんなに言われました。

私は「何、言ってるの。認可制度が森の保育園を変えるんじゃなくて、森の保育園が認可制度を変えるのよ！」というくらいの気構えでした。

実際は、開所時間やカリキュラムなど、認証保育園ではできたのに、認可園になると自由にできないことはたくさんありました。親の勤務・通勤時間外は子どもを保育園で預かることはできない、というのもそのひとつです。

認可園のほうが設備がよくて、補助金も職員数も多いから、親にも子どもたちに対しても、いろいろなことをしてあげられるはずです。それなのに、なぜダメなのか。

私たちが区に対して声をあげることによって、上の子が習い事に行くときに下の子を預かったり、夫婦が休むために預かったりといったことが可能になりました。

平日働いているお父さんやお母さんは、土曜日が休日なら、疲れを取るためにお昼まで寝ていたい、ということもありますよね。

1章で触れたシャンパングラスで考えると、自分が寝たいのに我慢して「ねばならない」で子どもを公園に連れて行っても、自分のシャンパングラスから愛があふれません。だから、子どもに愛が伝わらないのです。自分が乾いていると、偽善になるのです。

子どもを満たす前に、まず親が満たされないといけません。寝たかったら寝たらいい、食べたかったら食べたらいい、カラオケに行きたかったら行ったらいいのです。自分がやりたいことをやっているうちに、心から「今度の土曜日は子どもと過ごそう」と思う日が来るのです。

ところが、保育園が「保育は勤務・通勤時間のみ。夕飯の買い物に寄ってから子どもを迎えに来るのは禁止」「一日中保育園で過ごしている子どもが可哀そう。だから、早くお迎えに来て」と、ルールや押しつけで保護者を縛り上げたら、どうなるでしょうか。つらくなってしまいますよね。

強制からは、愛は育たない。強制からは、恐れとうそしか育ちません。お母さんは、お母さんの好きなようにしていいのです。

ただし、ひとつお願いがあります。保育園にうそはつかないでほしいのです。認証園時代は、親がカラオケに行ってから子どもを迎えに来てもOK、でした。でも、お母さんには、居場所だけはうそをつかずに園に知らせてほしい、とお願いしていました。

なぜならば、お母さんと保育園の間には子どもがいます。お母さんと保育園の間に信頼関係がなく、うそや偽りがあったら、子どもが傷ついてしまいます。

子どもを放っておいてよい、ということでも、もちろんありません。痛ましい、子どもの放置死の事件もしばしばあります。子どもがいる以上、自分で育てられなければ、自分以外の誰かに子育てを頼ってほしい。力を借りてほしい。

それでも、子どもの保育を自分以外の誰かに託すことがむずかしいと感じる方に、伝えたいことがあります。それは、お母さんは、お母さんのままで素晴らしい、ということです。あるがままの自分で無理をしないでいいのです。身の丈で子育てしていきましょう。

保育園と上手にコミュニケーションを取るには

保育士とよい関係でいたいと思っても、保育についての考え方が異なるときもあるでしょう。保育士に「それは違う」と意見を伝えたい。でも、モンスターペアレンツとも思われたくない。そんなときはどうしたらよいのでしょうか？

私の回答には、本音と建前があります。

まず本音は、「ドンと来い！」です。

いつでも、どこでも、どんな伝え方でもかまいません。思いっきりぶつかってきてください。自分の胸にため込んだり、お母さん同士の陰口で終わらせたりしないで、遠慮なくぶつけてきてください。

ただし、これは私個人のスタンスです。ほかの保育園や保育士が同じ考えとは限りません。


そこで建前です。これはどの保育園でも通用するやり方だと思います。

できれば前もって「○○について話したい」と予告してください。

話がこじれることが多いのは、保護者がいきなり、帰りがけに立ち話でクレームをつけたときです。

キャッチボールを考えてください。「それでは投げますよ、まずはゆっくり投げますからね」と伝えられてからであれば、相手も構えることができます。ところが、突然、豪速球を投げられたら、捕れるものも捕れません。けがをしてしまいます。

メールでも、登園時の立ち話でもかまいません。「今日、帰りに30分ぐらい担任の先生と主任の先生に話したいことがあるんです」と伝えてください。「お迎え時間の先生の対応についてなんです」と内容まで事前に教えてもらえると、さらにうれしいですね。

内容がわからないと、保育士は「なんだろう？　あれのことかな、これのことかな」と1日悩んでしまいます。

保護者同士のつながりは「第2象限」

子どもが保育園に通っていると、保護者同士のヨコのつながりもできます。このつながりは、とても大切です。

子育ての悩みを相談したり、共有したりできる相手がいれば心強いものです。

子ども同士のトラブルがあっても、保護者同士の関係がよければ解決しやすいのです。

子どもはまわりに迷惑をかけて生きています。

私の娘も、小さなころはまわりに迷惑をかけました。お友だちの家に遊びに行ったとき、ふすまを2枚全部はがして帰ってきたことがあったのです。

「なんでそんなことしたの？」と聞いたら、「楽しかったから」。

ひとりの子がやり始めたら、楽しくて、みんなで始めたそうです。たまたま、私はそのお母さんとは仲がよかったので、みんなでお金を出し合って、「ごめんね」と言ってふすま代を弁償して済みました。

もし日ごろからお付き合いのない保護者が相手だったら、気まずい、あるいは、謝罪も気が重いな……と思うかもしれません。信頼関係を築く以前のトラブルと、信頼関係を築いたあとのトラブルでは、自分にとっても相手にとっても、受け取り方もその後の対処のむずかしさも変わってくるでしょう。

だからこそ、日頃からコミュニケーションをとり、保護者同士で信頼関係を築いておくと、子育てはぐっと楽になります。

働いているお母さんは、仕事がない日くらい休みたいかもしれませんが、だからこそ、保護者で集まる場が大切なのです。

どの保育園でも、クラス懇親会を年2回くらい、園行事としてやっています。行きたくないな、と思う会もありますよね。私もそうです。でも、できるだけ行ったほうがいいですよ。

上手に時間を管理して、お母さんの集まりに参加する人がいる一方で、そうした集まりが苦手な人もいます。

苦手な人は、第1章で触れたパレートの法則の第1象限に追われていることが多いようです。第1象限とは、緊急で重要なこと。たとえば掃除や洗濯、食事の用意です。第1象限に追われていると、つねにやらなければならないことが目の前にある状態になってしまいがち。そうした状態ではなかなか、ゆっくりほかのお母さんたちと話をしてみよう、と思えないでしょう。

でも、子育ては事件だらけ。まわりのお母さんたちと笑いながら問題を解決していける関係をつくれたほうが、子育てはぐんと気楽に、楽しくなります。

だからこそ、緊急ではないけれども重要な第2象限に時間を使いましょう。

その第2象限が、日ごろからの保護者同士のつながり、なのです。

第2象限を優先していると、毎日の生活に余裕が出てきます。

家と違う子どもの姿は感動のチャンス

クラスの保護者同士で交わることに加えて、保育園の行事に参加することも、とても大切です。

というのも、わが子の多面性が見えてくるからです。

子どもは家と保育園で違う顔を持っていることがあります。保育園で見ていると、お母さんが迎えに来た途端、ガラッといい子になるケースもあるのですね。

だけど2時間はもちません。お母さんがお迎えに来て、保育園に滞在する15分間は「お母さん〜」と甘えていても、行事の2時間では別の顔が出てきます。

「うちの子、こんなやさしいところがあるんだ」

「うちの子、こんなひどい言葉を吐くんだ」

「うちの子って弱虫かと思っていたら、けっこうけんかが強いじゃない」

といった発見があるのです。

森の保育園の保育参観はユニークかもしれません。保護者は変装して保育室に入るからです。三角巾をつけて、マスクをして、かっぽう着を着て、いつもならしない黒縁眼鏡をかけて、保育室に入ってもらいます。

変装してもバレるのではないかと思っていましたが、これが意外とバレません。5歳くらいの子どもにはすぐにバレますが、2歳くらいまでの子どもはまったくわからないようです。

私もわざと「新しいアルバイトさん、お願いしま～す！」と言って、変装したお母さんに手伝ってもらって、散歩にもその怪しい格好でついていってもらいます。

目の前にお母さんがいることに気づかないわが子がお友だちをたたいているのを見て、お母さんは「あっ！」と思わず声を出しそうになります。そんなときは、私が「動いちゃダメ」とサインを送ります。

散歩でちゃんと立派に道路を歩いている姿を見ると、「私、甘やかしてたな、こんなにちゃんと歩けるんだ、この子」と思うときもあれば、「お母さんがいないと、こんなに先生を困らせているんだ」というのもわかります。

普段は親と一緒にいるわが子しか見られませんが、変装保育参観ではリアルなわが子を見られるというわけです。

私たち自身も同じで、家にいるときの姿と、職場にいるときの姿は違います。

ほかの子と交わっている素のわが子の姿を見るのは、とても楽しくて、感動します。自分の子を尊敬できる場面がたくさん見つかるはずです。わが子がお友だちに親切にしている姿を見て、「家で怒ってばっかりいたけど、親のいないところでこんなに凛々しいことができるんだ」と、涙ぐむお母さんもいます。

お母さんはもちろん、仕事で忙しいお父さんも、保育園の保育参観にはぜひ参加してほしいと思います。子育てにおいて、素の子どもの姿、いつもと違う子供の姿を見られるのは、ありのままのわが子を見つめ直す、またとないチャンスです。

第3章

らくらく・すくすく「カスタネット式育児」

身につけたい7つの習慣

1999年に育児サポートカスタネットを起業し、一軒家での24時間365日開所の認可外保育施設を始めてから6年が経ったころのことです。

保育を通じて多くの保護者の方々に喜んでいただき、子どもたちもスクスクと育ち、とてもやりがいのある日々を送っていました。

しかし、国の法令が変わり木造の自宅では保育ができなくなり、保育園は移転を迫られることになりました。

経営はいつもギリギリ、私は無給に近く貯金もない、移転することは不可能だと思いました。でもそれでは、一時預かりも含めて100人の児童と200人の両親の行き先はありません。私が保育園を閉めたら、200人の保護者が失業する。にっちもさっちも行かなくなりました。

家庭内でも夫婦げんか、親子げんかが絶えなくなり、最後には次女の茜が不登校になりました。私が小学校のときに出会った、白いジャケットを着たかっこいい先生、そして聖書の言葉「ひとにしてもらいたいと思うことは、なんでも、あなた方も人にしなさい」という生き方とは、ほど遠い状況になっていました。

そんなときに出合ったのが、「はじめに」でもお伝えした、佐藤英郎先生の著書『気づく人　気づかぬ人』。そして、アチーブメント株式会社の研修です。

この出合いは、私の家庭生活だけでなく、保育園経営も好転させました。成功哲学、セルフコントロール、マネジメント、意思決定能力。さまざまな知識と技術に出合い、私は自分自身に対してつくっていた限界を知りました。

できるか、できないかではない！　行き場のない子どもたちと保護者のために、やるかやらないかなのだ、とわかりました。

私は決心しました。不安と恐れを小脇に抱えてやる！　できない理由を探さない！やるしかないからできる方法だけを探し続ける！

都庁に通い、新しい物件を探し、銀行に融資を願いに行きました。

すべてが初めての経験でうまくいかないことだらけでしたが、なんとか1年後に、認証保育所として新しい建物の中に移転することができました。

そこには、なんと、保護者のみなさまからの一口100万円の支援金もありました。

「子どもにお金がかかるのに、受け取れない！」と言うと、「自分たちばっかりかっこいいことしないでよ、待機児童は私たちの問題でもあるんだから、いいから使って！」

とてもありがたかったのですが、やはり受け取れませんでした。会計事務所と相談し、保育園を個人事業から株式会社にして私募債券を発行し、7％の利子をつけて7年で返済することになりました。

また、自分の生命保険の受け取りを会社にして借入額相当をかけ、もしものときにも返済できるようにしました。

無我夢中で子どもたちと保護者の行き先を作る途中で、私は気がついたら必要に迫られて株式会社をつくり、代表取締役社長になっていました。

このようなやり遂げる技術を学びながら、さらに私はアチーブメントで選択理論心理学を学びました。それは、私が若いころ、のどから手が出るくらい欲しかったセオリーでした。

アメリカの精神科医、故ウイリアム・グラッサー博士が提唱した選択理論心理学は、薬を使わず精神病患者を治療して全米を驚かせました。グラッサー博士は、問題、悩み、症状の原因はひとつ。身近で重要な人との人間関係が良好でないことを挙げました。

さらにグラッサー博士は、人間関係を破壊する「7つの致命的習慣」、そして、人間関係を良好に保つ「身につけたい7つの習慣」を掲げていました。

人間関係を破壊する「7つの致命的習慣」とは、

- ●批判する
- ●責める
- ●脅す
- ●文句を言う
- ●罰する
- ●ガミガミ言う
- ●褒美でつる

「身につけたい7つの習慣」とは、

●傾聴する
●支援する
●励ます
●尊敬する
●信頼する
●受容する
●意見の違いを交渉する

これだ！　と思いました！　私が、たったひとつでいいからつくりたいと思っていた、これが保育園といえる、子どもたちや保護者にとって安全・安心な環境。

それは、致命的習慣を排除して、この「身につけたい7つの習慣」を約束した環境だと思いました。

私は身につけたい7つの習慣を、保育園や障害者福祉で活用することにしました。

子育ての技術

言葉がけ編

①子どもの主体性を育む

森の保育園の「言葉の約束」

私が保育園改善のために、まず取り入れたことは「言葉の約束」でした。子どもたちへの言葉がけの方法は、大きく分けて3段階あります。

①ノット・ドゥ（Not do）
②シャル・ウィー・オア・プリーズ（Shall we or please）
③ベスト・ユー・キャン・チューズ（Best you can choose）

ノット・ドゥということは「手を洗わずにお菓子を食べてはいけない」「先生が話

をしているときはおしゃべりをしない」つまり、「～してはいけない」「～しなさい」という禁止・命令形です。

このような言葉がけは、子どもたちに今、必要な行動を教えることはできます。即効性はありますが、指示・命令がないと動けない人間になる危険もはらんでいます。

大人に決められたことをするのではなく、自分で気づき、自分で決めて、自分で行動する。子どもたちの主体性を大切にするなら、命令形の言葉がけは効果がないことがわかるでしょう。

次の「シャル・ウィー・オア・プリーズ」は、「手を洗いましょう」「手を洗ってくださいい」という、お願いやお誘いの形です。

森の保育園でも、命令形を廃止して、お願いやお誘いの形に置き換えていくように、職員たちと約束しました。小さな語尾の改善でしたが、子どもたちや職員の資質向上に大きな成果があらわれました。押しつけがないので子どもたちのストレスが減り、けんかが激減しました。職員たちも自立心、責任感が強くなり、クリエイティブな発想で、よりよい環境づくりを考えるようになりました。

さらに次の段階が、「ベスト・ユー・キャン・チューズ」。

優秀な保育士になると、「手はきれいですか?」「お食事にしませんか?」というように、子どもが自分で考えて判断して、自分で最善を選択させる訓練を、日常の言葉がけのなかで大切にしています。

たとえば保育士が「手はきれいですか?」と言ったとき、子どもからリスペクトされていれば「洗った」「まだ洗っていないから洗う」と、正直に言ってもらえます。

ところが、子どもと信頼関係が築けていない保育士だと、「きれいだよ」とうそをつかれます。「きれいですか」と聞いて、子どもが手を洗っていないのに「きれいだよ」と言われたら、きれいかどうかにかかわらず、まずは認めます。きれいでなくても、頭から否定はしません。

「手がきれいだったら、こうやって匂いをかいだとき、せっけんの香りがするね、確かめてみて。洗ったか洗っていないか覚えていないこともあるよね」

と言って、自己評価できるようなやり方を教えてあげます。

あるいは、クイズ形式で問いかけるのもよいですね。

「Aちゃんは手を洗ってからごはんを食べました。Bちゃんは手を洗わずに食べました。Aちゃんと Bちゃんはどっちが風邪を引きやすいでしょうか？」

といった具合です。

とにかく子どもに自分で考えさせること。大人が「ああしろ、こうしろ」と言えば言うほど、子どもは自分で考えなくなってしまいます。

「おむつを替えさせていただいていいですか？」

1歳児や2歳児といった小さな子どもだと、自己評価させるのは難しいと思うかもしれません。

でも、それが逆なのです。

小さい子ほど、一方的に大人の考えを押しつけず、子どもを尊重したほうがよいのです。自分はどのくらい価値があるのか。子どもの自尊心は、生まれてから最初の1年間でそのほとんどが決まるともいわれています。

だから、森の保育園は、0歳児でも呼び捨て禁止です。

さらに「おむつを替えていいですか？」と、赤ちゃんにお伺いしてからしか、おむつを替えてはいけないのが私たちのルールです。

赤ちゃんから見れば、大人は自分よりも2倍も3倍も大きな生物。いきなり抱き上げられたり、寝かせられたりするのは恐怖以外の何物でもありません。

大人でいえば、美容院や病院で何かの処置をする前に「これから○○します」と声をかけてくれますよね。あれと同じで、心の準備ができれば怖くありません。

子どもの恐れを排除するためにも、ていねいな声がけを大切にしています。「おむつを替えていいですか？」と声がけをすると、赤ちゃんは大変協力的におむつを替えさせてくれます。

もう少し大きくなって、1歳過ぎくらい、相手の言っていることが少しずつわかってくる時期の子どもでも同様です。鼻汁で顔がぐしゃぐしゃになっている子に「鼻水が出てしまいましたね、お鼻を拭いてもいいですか？」と聞くと、「嫌だ！」と逃げていく子もいます。そのときは少し待ちます。そのうち、自分から「拭いて」とティッシュを持ってきます。

こうしたことを続けていると、子どもは自分がやりたいことをきちんと伝えられるようになっていきます。

1歳半くらいになると話術や交渉術が伸びて、「こうしてほしい」と言葉にしたり、はっきり意思を表現するようになっていく子が多いです。

大人はできるだけしゃべらない

保育士は、子どもが大好き。よかれと思って子どもたちに声がけを続けています。「かわいいシールがついてるね」「かっこいいね」「お母さんが用意してくれたの、よかったね」といったように、ずっとしゃべっている保育士がいますよね。

でも、森の保育園では、保育士にできるだけしゃべらないようにお願いしています。というのも、大人がしゃべり続けていると、子どもが自分で判断できなくなってしまうからです。

大人が「かわいい」と言えば、子どもはそれが「かわいいことなんだ」と思います。大人が「よかったね」と言えば、「よいことなんだ」と思います。

それでは、子どもたち自身が自分の心に聞いて、自分の考えで判断する習慣がなかなか身につきません。大人には、しゃべらずに、もっと観察してもらいたいのです。大人がだまっていると、子どもはたくさん話してくれます。

私は口から生まれたといわれるほど、よくしゃべる人間ですが、保育室に入ったらしゃべりません。大きな声もできるだけ出しません。子どもへの声がけは必要最小限にとどめます。

子どもに話しかけるときは、ちゃんとそばまで行って、目の高さを下げて、小さい声でやさしく言うようにしています。

お母さんも、子どもが学校からただいまと帰ってきたら、時計を見て30分はしゃべらないようにしてみてください。

子どもにおやつを出して、それでだまって眺めていると、子どもが「どうしたの？」と言ってきます。あれこれ聞きたいのをぐっとこらえて黙っていると、子どもからいろいろしゃべるようになりますよ。

もし、「子どもが学校であった出来事を話してくれない……」というときは、大人がしゃべりすぎているのかもしれませんね。

しゃべらないというのは、子ども相手だけでなく、パートナー相手でも同じことです。

「私に黙って3回も会社を辞めちゃったんです」というお母さんがいました。私がパートナーの方に「どうして奥さんに黙って辞めちゃったのですか?」と聞いたら、「妻がずっとしゃべってるから、相談するときがない。僕だって辞める話はしたかったんだ」と言っていました。

パートナーが帰ってきたら、30分でいいから「一人称を言わないゲーム」というのをやってみてください。もしかしたら、5分以内に「私は」「私だって」と言ってしまうかもしれませんよ。このゲームをやってみると、自分がどのぐらい相手の話の腰を折って、自分の話題にすり替えてしまっているかに気づかされます。

自分がしゃべっている限り、相手はしゃべれません。時計を見て30分は黙るという習慣をつけると、話を聞きたい相手がいろいろしゃべってくれるようになるのです。

実際にこのゲームをやってみて、お父さんがしゃべるようになった、というお母さんの喜びの声もありました。

泣きやませようとしないでいい

どんなにかわいいわが子でも、子どもが泣いているのは大人にとって大きなストレスになるもの。泣いている原因を突き止めて、取り除きたくても、赤ちゃんがなぜ泣いているのかわからないことがあります。そんなときは、頑張って泣き止ませようとしなくていいのです。

森の保育園では、泣きやませようとすることよりも、まず、何の欲求が満たされていないのかを観察しています。乳児だろうが、幼児だろうが、本人が何をしたいのか、とにかく観察します。おむつを替えてほしいのか。お腹がすいているのか。眠いのか。

観察を続けていると、泣いている様子でわかるようになります。原因がわかれば、対処も簡単です。おむつを替えたり、お腹がすいているのを満たしたり、あるいはただ抱っこをしてほしかったのかもしれません。であればここで初めて抱き上げればいいのです。

もしここで気をそらして泣きやましてしまったら、その子がなぜ泣いていたのかわかりません。

たとえば、子どもがブランコから落ちて泣いているとき、あなたはどうしますか？すぐに抱き上げて、泣きやませようとしますか？　これは最悪の事態を引き起こす可能性があるのです。体のどこを打っているかわからないからです。このような状況では、まず子どもを観察して、子どもがどこを押さえているかを確認することがとても大事です。

それと同じように考えればいいのです。子どもがなぜ泣いているのか、原因を探さずすぐに抱き上げて、「大丈夫」と言うのは、さまざまな見落としがあるかもしれません。

子育ての技術

言葉がけ編

②ほめ方・叱り方

ほめるときほど気をつける

よく「ほめて育てる」といいます。ほめるのはいいことだと思っていますよね。でも、ほめるのは意外と難しいのです。ほめているつもりが、無意識のうちに、ほかの子と比較していることがあるからです。

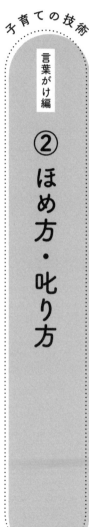

「Aちゃんは本当に上手ね。Bちゃんは年上なのに、全然できてないよね」と言うのは露骨な比較。これをやってはいけないのは誰でもわかります。

そうではなくて、比較したつもりがないのに、比較しているケースがあるのです。たとえば「Aちゃんは本当に上手ね」と言っただけで、言外に「Aちゃん以外は上手ではない」という意味が含まれます。すると、Aちゃんはまわりからやっかまれたり、羨望の目で見られたりします。それがきっかけでいじめが始まることだってあります。

ほめるときはほかの子と比較しないこと。みんなの前でほめるのではなくて、そっとその子のそばに行って、「うまくなったじゃない」と言ってあげるといいですね。

森の保育園では、子どもたちに自己評価をさせるようにしています。たとえば劇の練習をしているときなら、

「今日の練習どうだった？」

と問いかけます。すると、

「もっと手足を真っすぐ伸ばすようにしたほうがいいと思いました」

「本番だと思ってもっと真剣にやったほうがよくなると思います」

などといろいろな意見が出ます。

比較がすべてダメ、というわけではありません。過去の自分（たち）と比較するなら、それは子ども自身の成長につながります。

感情でしゃべらず、感情をしゃべる

子どもに何かを伝えたいとき、私が気をつけているのは、自分の感情をのせた話し方をしないことです。「感情でしゃべらず、感情をしゃべる」ことを心がけています。

少しわかりにくいでしょうか。ご説明します。

たとえば、お母さん、子どもを怒るときについつい強い調子で大声を上げませんか？

「お母さんはいいのよ！　お母さんはいいけど、あなたが大人になったときに困るんだからね！」

といったように。文面だけ見ると、相手のことを思って助言しているかのようですが、声のトーンには怒りの感情があらわです。これが「感情でしゃべる」ということです。

一方、感情をのせずに、冷静に、落ち着いたトーンで、「お母さん、イライラしてきた。このままじゃ、あなたを叱りつけそう」と話す。そう言えば、子どもは「お母さんがイライラしている」と素直に受け止められます。これが「感情をしゃべる」です。要は、声のトーンには感情をのせず、落ち着いて話す。話す内容で感情を表現するということです。

どうしても手放せない感情があるでしょう。たとえば、夫が見るからに機嫌が悪くて、こちらまで気分が悪くなるようなとき。私は夫に「ごめん、ちょっと怖いわ、さっきから」と静かに言います。そうすると、夫は「何が怖いの？」と言いながらも、理解しようとしてくれます。

感情のままに「はい、ビール！」と言いながら乱暴に食卓に置くと、角が立ち、けんかになってしまいます。物には当たらない。「これ、冷やしておいたから」と言いながらやさしく置く。「さっきからちょっと怖いんだけど」と、感情を表に出さずにニュートラルに話すとよいのです。

そうすれば、会話がつながり、お互いに歩み寄ることができます。

腹が立ったら、口角を上げる

どうしても腹が立つときがありますよね。感情でしゃべらず、感情を伝えようとしても、つい強い調子になってしまうこともあるでしょう。

そんなとき、簡単な対策が3つあります。

ひとつは、目を細めて口角を上げること。

それだけです。ニッコリ顔をつくれば、たいていのことは許されます。口角を上げてニコニコしながら「もう、○○さん大嫌い！」なんて言われても、なんだか許せてしまいませんか？　言われていることは強烈ですが、腹は立たないですよね。

接客のプロであるキャビンアテンダントは口角を上げる特訓をするそうです。

2つ目は、小さな声でゆっくりしゃべること。ひどいことでも、ゆっくり小さな声で言えば許されてしまうのですね。

最後に、手を重ねること。言いづらいことを言うときに、料亭のおかみさんが必ず体の前で手の平と甲を重ねて「申し訳ありません。本日は国産の霜降り牛がございません。オーストラリア産の最高のものをご用意しておりますが」と言いますよね。

子どもが言うことを聞いてくれないときも、手を重ねると、「おやつの時間なので、座ってもらえませんか」と言葉が整っていくのです。

手を重ねて「ふざけんなこの野郎」とは言えないですから。

子どもがけんかしても、ジャッジしない

子ども同士が物を取り合いしているとき、あなたならどうしますか?

取ろうとした子に対して、取られた子に返すように言う人がほとんどでしょう。「それ、○○ちゃんが先に持ってたやつでしょ、渡してあげなさい」といったように。

大人は泣いているほうを泣きやませたいと思うのですね。だから、泣いていない子から取り上げて、泣いている子に渡す人が多い。保育士も、泣いている子が泣きやむことに満足してしまいがちです。

でも、森の保育園の保育士は違います。子ども同士で物を取り合いしてけんかしているとき、絶対にジャッジしません。だれかに言われるのではなく、子どもたち自身で考えさせるためです。

保育士はあくまでもフェアな立場に立ってジャッジせず、「仲良くしてください」

と言って、少し見守ります。

もちろん、けんかしている2人がすぐに仲良くならないこともあります。物を取った子がたたいてしまったら、たたかれたほうに「大丈夫？」と声をかけて、たたいたほうにも「どんな気持ち？　たたかれたほうもつらいけど、たたいたほうもつらいね、わかるよ。先生が何か手伝えることはありますか？」と聞きます。

すると、片方の子が「先に貸してあげる」「一緒にやろう」と言い出すのです。

それに対して、保育士が「それはいい考えだね」「素晴らしいね」と声をかけて承認します。すると、子どもたちは自発的に仲良くなっていきます。

保育士が「仲良くしてください」と声がけすると、まわりの子どもたちが集まってきて「こうしてみれば」「ああしたらいいよ」と言い出すこともあります。共同学習です。ふたりはまわりからいろいろ言われて、実際にそれをやってみるうちに仲良くなることもあります。保育士が「仲直りできたじゃない」と言うと、みんなが拍手するんですよ。

子育ての技術

コミュニケーション編

① 親子関係

親と子の4つの関係

グラッサー博士は、以下の4つの基本的人間関係があると述べています。

1つ目が、フレンド。友好的にかかわる対等の関係です。

2つ目が、カウンセラーとクライアント。親が子どもの相談にのる関係です。

3つ目が、先生と生徒の関係。親は子どもに教えなければいけないことがありますよね。たとえば子どもが「キュウリを切ってみたい」と言ってきたら、キュウリを押さえるほうの指を切らないように折り曲げるといったことを教えるというものです。

4つ目が上司と部下。親が子どもを管理しなければいけないことがあります。たとえば、小さい子だったら火を使ってはいけない。もう少し大きくなったら、子どもを危険から守るために門限を設定するなどです。

次のような話があります。あるお父さんと少年が、土曜の午後に河川敷の広場にサッカーをしに行きました。

「お父さん、楽しいね」

「ああ、楽しいな」

ふたりはドリブルしながら広場に向かいます。これは友好的、フレンドの関係です。広場に着いてサッカーしていたら、息子が「お父さん、僕、じつはクラブでいじめられてるんだ」と打ち明けてきました。父は「そうか、お父さん、コーチに相談しようか?」とカウンセリングします。

「いいよ、相談しなくて。それよりヘディング教えてよ。俺、ヘディングが下手だからバカにされるんだ」

「そうか」

お父さんは学生時代、サッカー部でした。だから少年にヘディングのコツを教えました。これがティーチングです。

「5時になったから、もう帰るよ。お母さんとの約束だから」

「嫌だ、もうちょっとやりたい」

「ダメ、お母さんに5時に帰るって約束したから帰るよ。また明日、来ようね」

これがマネジメントです。

この一連の流れのなかに、親子の4つの関係がすべて含まれています。

このうちフレンドを除いて、3つには親の技術が必要です。

カウンセリングの関係は、相談にのる技術がある親との間にだけ成り立ちます。

ティーチングもそうです。教えてほしいと思っている子どもと、教える技術のある親（この場合はサッカー経験者のお父さん）との間にだけ成り立ちます。

マネジメントもマネジメントのスキルがある場合にだけ成り立ちます。

「どれも自分にきちんと身についていると、自信を持って言えない……」そんな声が聞こえてきそうですね。でも、心配いりません。

この4つのうち、断トツで大切なのは、じつは「フレンドの関係」です。「フレンドの関係」が、親子間の信頼関係のベースになるのです。逆にいうと、この4つの関係に占めるフレンドの割合が50%を切ったところから、子どもは親の言うことを聞かなくなります。

子どもが保育園に通っていると、子どもと一緒に過ごせる時間が少なくて、短い時間内でどのように子どもと関わればいいか、悩む保護者の方は多いです。でも、どれだけ長い時間を子どもと一緒に過ごすか、ではありません。パーセンテージの問題です。

つまり、朝1時間、夕方2時間、子どもと一緒に過ごすなら、計3時間のうちの50%、少なくとも1・5時間はフレンドの関係で、子どもと一緒に遊ぶように心がけてみてください。一緒にお風呂に入りながら、あるいは、少し大きな子どもなら、一緒にサラダなどの夕飯をつくるのも、立派な遊びです。

親としては、つい子どもが心配で、カウンセリングやティーチング、マネジメントに傾きがちですが、これら3つの関係は意識的に減らす、くらいでもいいのです。子どもとの友好的な関係を大切にすると、多くの悩みが解決します。

子育ての技術

コミュニケーション編

②夫婦関係

夫婦間は友情しか成り立たない

「夫婦関係は、4つのバランスをどう取ればいいと思いますか？」

グラッサー博士は、次のように問いかけます。

私の夫は「100％マネジメントだよ」と冗談で言いますが、グラッサー博士は「夫婦間では友情しか成り立たない」と断言しています。夫婦がカウンセリングやティーチング、マネジメントの関係になった時点で、確実に離婚に向かうというのです。

女性はよく言いますよね。

「解決してほしかったわけじゃないのよ、ただ聞いてほしかったの。私がつらいことがわかってくれればそれでいいのよ」

私が夫に「明日、河口湖に行くけど、寒いかな?」と言ったとき、私が求めているのも「そうだね、寒いかもしれないから上着を持っていけばいいんじゃない」のひと言。

「ちょっと待って」とインターネットで調べて、「河口湖は午前中が15℃で、午後には20℃になるって」と言われても、私はそんなことを求めていません。

愛する人が悩んでいると問題解決したくなるのは、とくに男性に多いようです。早く笑顔に戻ってほしい。だから、「ああしてみれば」「こうしてみれば」と、ついアドバイスに走ってしまいます。決して悪気があるわけではありません。ところが、妻が煮え切らない様子を見て、夫はしまいには「人のせいにしているだけじゃないか」と言い放つから、けんかになってしまうのです。

夫婦こそ、友情関係を深めるために、意識的に遊ばないといけないのですね。

子育て中はどうしても子どものことを優先するため、夫婦水入らずで過ごす時間は少なくなってしまいがちです。でも、だからこそ、意識的にふたりでデートをする時間を大切にしてください。

夫婦愛は喫茶店から

子育てしていると、夫婦関係に大なり小なりイザコザが生まれるものです。他人同士が一緒に暮らしているのですから、あつれきがあって当然。そういう困難な状況のときこそ、夫婦の絆が試されるときです。

私たち夫婦はよく喫茶店に行きます。夫婦には、子ども抜きで語らう時間が必要です。デートというと大げさなら、子ども抜きでお茶を飲むだけでもいいのです。家にいると、電話がかかってきたり、宅配便が来たりと、いろいろ用事が出てきます。喫茶店なら、お茶を入れるのも、運ぶのも、洗い物も、すべて店員さんがやってくれます。

レストランや映画館でもよさそうですが、レストランだと食べることに集中してしまいますし、映画を見たら映画の話題に終始してしまいます。喫茶店なら、よほどのこだわりの店でなければ、お茶やコーヒーについて語らないですよね。相手に集中できます。

パートナーの欲求や願望を知る

第1章では「5つの基本的欲求」で、自分自身の願望や欲求を考えてみました。それを今度は、パートナーに置き換えて考えてみてください。

あなたのパートナーは、5つの基本的欲求のどの項目が強いですか？

あなたのパートナーの願望、求めていることはなんですか？

夫婦でゆっくり話をする時間ができたら、ぜひ、相手の欲求や願望を聞いてみてください。

「今度の休日は、どんなことがしたい？」ということから、今ほしいものや興味があるもの、子どもがどんな風に育ってほしいか……結婚相手といえど、知っているようで、意外と知らないものです。一緒に考えてみるのもいいですね。

相手の願望がわかったら、「自分は相手に対して何ができるか」を考え、相手の欲求や願望を満たす行動をしてみましょう。

相手のことが見えると、自分との違いも浮き彫りになります。

パートナーといっても、自分とは違う考え・思いを持ったひとりの人間です。その違いを認めることが、お互いを尊重する第一歩になります。

お父さんはお母さんを、お母さんはお父さんを大切に

子どもが言うことを聞かずに、親が困ってしまうこと、よくあるでしょう。

解決策は簡単です。お父さんはお母さんを、お母さんはお父さんをリスペクトすればよいのです。

子どもは、幸せな人の言うことは聞きます。夫との関係が悪かったり、仕事がうまくいっていないお母さんに対して、子どもは反抗してきます。

たとえば、お父さんは子どもの前でお母さんのことを悪く言ったりするわけです。普段は育児は妻に任せっきり、家事もロクにしないのに、「そんなことしないでこうやれよ」と、ピンポイントで文句だけを言ってくるんですよね。そうすると、子どもはお母さんをリスペクトしなくなって、言うことを聞かなくなってしまいます。

お父さんがお母さんを愛さないと、子どもはお母さんの言うことを聞きません。

だからお父さんには、愛するお母さんの言うことを大事にしてほしい。

もちろん、その逆も同じです。

お母さんも、お父さんのことをよく言わないといけないのです。

子育ての楽しいことだけを話してみる

私は子育て中、楽しいことしか夫に話しませんでした。

「砂場に行ったときのあの子、かわいいのよ。砂をバケツに入れるときに、ニコッて笑うの」

と言えば、夫もわが子の様子を見たくなるようです。

「俺も土曜日、砂場に連れて行こうかな」

と、自分から言い出すようになります。私がわざと「いいわよ。仕事で疲れているから休んでて。私が連れて行くから」と言うと、反対に「いや、俺が行く」。夫婦で一緒に子どもを育てたい。それなら、わが子の素敵なところ、かわいい場面を夫にいっぱい話してあげましょう。

わが子には自分の遺伝子が半分入っているので、ほめられると自分のことのようにうれしいみたいですよ。

夫婦愛は家族愛の核

夫婦は、唯一自分が選んだ家族です。親子も兄弟も、自分で選んだわけではありません。だからこそ、夫婦愛は家族愛の核になります。パパとママが仲良しだったら、子どもたちはどんなに幸せだと思いますか？

私たち夫婦は、夫婦げんかゼロです。互いにけんかをしないと決めているからです。互いの希望よりも間にある人間関係を優先する、というルールを守っているだけです。

夫婦げんかは、相手を変えようとする行動です。自分が正しいと思っていると、愛に出合うことはできません。正しさを捨てた先に愛があるのです。

お互いの価値観や理想を語り合う時間を持ち、お互いの夢や願いを傾聴し合って、相手のすばらしさを知り、尊敬しあう関係になりましょう。

ひとり親は、遠慮しないで息抜きを

夫婦関係の話をしましたが、今はひとり親も多いですよね。かくいう私自身が、ひとり親を経験しました。

ひとり親の子育てには、大きく分けて2つのパターンがあります。

頼る人がいるひとり親と、頼る人がいないひとり親です。この2つで、子育ての大変さは大きく違ってきます。

頼る人がいるひとり親とは、実家で暮らしていたり、近くに実家があるケース。この場合は両親に子育てをサポートしてもらえます。保育園の送り迎えを手伝ってもらったり、子どもが熱を出したときには面倒を見てくれたりするでしょう。

一方で、両親の協力を得られずにひとりで子育てしている人は、とても大変です。ひとり親だと、手がまわらない点もあるでしょう。それでいいのです。すべてをきちんとこなそうと思わなくていいのです。

私はひとり親には「土曜日に仕事がなくても、子どもを保育園に預けにおいで」と声をかけます。

仕事と子育てだけの毎日では、息抜きする暇がありません。土曜日には、ひとりでボーッと寝るだけでいい。ひとりでショッピングでもいい。ひとりで映画でもいい。自分をリフレッシュさせてください。とにかく自分自身を満たしてほしいのです。


私も覚えがあるのですが、離婚したあとの子育てで苦労するのは、じつは、価値観が合わなかった元パートナーに似てくるわが子とどう向き合うか。

そのときに、第1章でお伝えしたセルフコントロールが力を発揮します。

セルフコントロール技術を身につければ、わが子を受け入れられるようになります。

「そんなことができるんですか?」と思うかもしれません。


できます。


第1章で、セルフコントロールを車の運転にたとえました。

もし明日、「飛行機を操縦して」と言われたら……できないですよね。でも、車の運転なら、特別な能力がなくても教習所に通えばひと月も経たずにできるようになります。離婚した人に似てくるわが子を愛する技術なんて、飛行機の操縦に比べたら簡単なことです。

全行動を思い出してください。セルフコントロールの技術があると、感情はあとからついてくるのです。自分の気持ちはそのまま受け入れていいのです。悲しくても笑うことはできます。おかしくても悲しいふりをすることはできます。俳優なんて自由自在ですよね。表情筋は自分で動かせます。

だから行動が先。気持ちはあと。それなのに、みんな気持ちにこだわり過ぎていませんか?

保育士にもいます。「私、好きなタイプの子と嫌いなタイプの子がいるのよね、これってしょうがないよね」と言う人が。そんなことはないのです。嫌いな子だからこそハグする。嫌いな子だからこそ「大好きよ」って言う。そうしていると、本当に好きになってくるのです。大好きになるのです。

まずは行動。わが子を愛しているから抱きしめるのではなくて、抱きしめるからわが子への愛が育つのです。

感情が先ではなくて、行動が先。大好きな人に「大好き」と言うのは、だれでもできます。

第4章

森の保育園から広がる枝葉

保育士冥利に尽きるとき

「森の保育園で事務員として働きたい」

先日、森の保育園の卒園生が、そう言ってくれました。

私が20年ほど前に上京して最初に預かった0歳の子どもたちが、そろそろ大学を卒業するころになりました。あの子たちがそれぞれにユニークな人生を歩んでいるのです。どういう幼児教育をしたらあのような学生さんたちになるのかな、と自分でも不思議なくらいみんな個性的で魅力的です。

よく言われるのは「グローバルな感じに育っている」。「相手の立場に立つ」ということをことごとく伝えてきたことが影響しているのかもしれません。

私たちがまいた種が花開いていくのを見られること。これこそ、保育士冥利に尽きます。

もちろん、卒園生に影響を与えているのは森の保育園だけではありません。卒園後、小学校、中学校、高校、大学とたくさんの方とかかわりがあったことでしょう。それでも、保育園を卒園したあとの進学先はそれぞれ異なるのに、みんな森の保育園の卒園生特有のカラーがあるのですよ。

私自身は、ありたい自分でいられたわけではありません。自分のことを棚に上げながら、「自分はこうありたかった」「自分がこうしていれば一番幸せだった」と思ったことを子どもたちに伝えています。

それが幼子たちに少しでも浸透したのであれば、うれしいです。

保育や児童福祉に携わってきてつくづく思うのは、やりがいのある仕事だということ。

卒園生が進学し成人し、そして就職と、成長していく姿を目の当たりにできるのはこの仕事の大きな醍醐味です。

「正しさ」を捨てた向こうにしか愛はない

2020年は、新型コロナウイルス感染症の予防・対策のために、職場や学校で毎日の検温を課されていた人も多いでしょう。

森の保育園では、子ども本人だけでなく、お父さんやお母さん、きょうだいら家族全員の熱と体調を毎日報告してほしいとお願いしました。

ひとりでも新型コロナウイルスの感染者が出たら、保育園を2週間閉めなければなりません。そうなると、60人の子どもの両親約120人の仕事に影響してしまいます。それだけは避けたいと考えていました。

ところが、保護者から不満の声が上がりました。「ただでさえ、在宅で仕事をしながら、子どものご飯を作ったり遊んだり、育児もこなすのに四苦八苦しているのに……。毎日、保育園にそんなに細かく体調を報告しなければならないなんて、これ以上負担を増やしてほしくない」というのです。

私も、その気持ちはよくわかります。保護者からは「それが行政からの命令なら、私たちが行政に文句を言いに行きます。家族の具合が悪いときは必ず報告するし、登園も控えるから、もっと私たち保護者を信頼してほしい。体調に問題がなく元気なときは、体調の報告もしなくてよいことにしてほしい」と言われました。もっともな話です。みなさん、本当に大変だったんだと思います。

すぐにそのルールを取り止めました。

「感染拡大予防のため、家族全員の体調を毎日報告してもらう」というのは、保育園にとっての正しさです。しかし、保護者にとっては、「体調に変化があったら、そのときに保育園に報告する」というのが正しさです。

正しさは、人によっても、立場によっても、時代によっても違います。

自分は正しくて、相手は間違えていると主張すると、相手を屈服させないかぎり歩み寄れません。

自分の正しさを押し通して、間違えている相手を変えようとします。

自分の正しさを主張すると、相手を攻撃してしまうのです。

その結果、人間関係が壊れてしまいます。

保育園も保育士も保護者も、捨てるべきは、正しさなのですね。

自分の正しさを捨てなければ、相手を尊重できません。

正しさを捨てた向こうにしか愛はありません。

何かあつれきがあったとき、探るべきは、正しさではありません。それを解決するための最善の策です。

自分の正しさを押しつけるのではなくて、お互いにとって最善の策は何かを考えることが大事なのです。

「問題」ではなく「願望」に焦点を当てる

「うちの子は、『だめ』『やめなさい』と注意しても、すぐにまた同じことをくり返して」

「ささいなことでも、思い通りにならないとすぐに泣きだしてしまって」

わが子の〝問題行動〟に頭を悩ませているお母さんは、決して少なくありません。

親の立場からすると、子どもはいろいろな問題、改善すべき課題を抱えているように見えるかもしれません。でも、その子を変えようといくら働きかけても、なかなか変えられない、というお母さんも多いのではないでしょうか。

選択理論を取り入れた私たちの保育では、そもそも「問題」に焦点を当てません。ではどうするのかというと、「こうなりたい」「こうありたい」という「願望」に焦点を当てるのです。

ひとつ、たとえ話をします。夫に浮気された妻がいるとします。そのとき、妻は夫に対して「なぜ、だれと、何があったか？」と聞くのが一般的でしょう。問題となっている事柄に焦点を当てて、その原因や事実を探り、「浮気をした女と別れれば、夫は自分のもとに戻ってくる」というように、解決しようとするのではないでしょうか。ところが選択理論は違います。「夫とどうありたかったか？」と、「願望」に焦点を当てるのです。

問題に焦点を当てていると、もし、夫が浮気した女と別れたとしても、夫婦関係が自分の望むものになるかというと、必ずしもそうはならないでしょう。それは別の問題です。

そうではなく、「本当は夫とラブラブでいたかった」「本当は夫と信頼し合って、安心して生活できる家庭をつくりたかった」などと、自分の願望からスタートすることで、本当に望んだ場所にたどり着けるのです。

子育ても、じつはそれと同じです。

問題ではなく願望に焦点を当てることで、親の正しさを押しつけることなく、子どもの育ちを見守ることができるようになります。

「○○ちゃんは、どうなりたい？」

「こういうとき、どうしたい？」

そう、子どものありたい姿や、やりたいことを聞いていると、子どものことを尊敬できるようになります。

というのも、他人が抱える問題は「この子はどうしてこんなことをするのだろう」と、理解できないことがありますが、願いはすべて美しいからです。

夢は美しい。

その人の夢と願いは素晴らしいと考えることが、尊敬するということなのです。

尊敬の気持ちを抱くのは、大人に対してだけではありません。子どもに対しても同じ。夢や願望を持っている子どもたちを、尊敬できるのです。

よく、子どもに「親を尊敬しなさい」と言う親もいます。けれども、尊敬は強制するものではありませんよね。

尊敬に値する親であれば、子どもは親のことを自然と尊敬します。

子どもから尊敬されるためには、まず親から子を尊敬することです。批判する、責める、罰する、脅す、文句を言う、ガミガミ言う、褒美で釣る……第3章で紹介した致命的な7つの習慣ばかりでは、子どもは親を尊敬に値しない、と感じるでしょう。

命令し、自分の思い通りに子どもを動かしていても、成長につれて反発に変わり、ますます問題解決から離れてしまいます。

子どもは、自分が大切に扱われているかどうか見ているものです。

じつは私は、他人を尊敬したことがありませんでした。「大人の言うことなんか信じない」という子どもだったのです。

私は、選択理論心理学シニアトレーナーの柿谷寿美江先生に「先生、人の尊敬の仕方がわかりません」と打ち明けたことがあります。すると、柿谷先生は笑いながらこう言いました。

「簡単よ。その人の夢や願望を心から美しいと考えることなのよ。その人の夢を聞いて、心からその人のことが大好きになって。そして、その夢の中には本当に応援したくなるものがたくさんあるのよ」

それからです。私が他人を尊敬できるようになったのは。

夢や願望を見える化する「宝地図」

森の保育園では、親と子どもの夢や願望を「見える化」する機会を設けています。クリスマスに親の有志で取り組む「宝地図」です。宝地図とは望月俊孝氏が提唱しているもので、夢や目標、ビジョンに関する写真や文字を1枚のボードに詰め込むものです。宝地図を見るだけで、何の欲求が強いかがわかります。

大人は自分の願いやほしいものを、雑誌から切り取って貼ります。

小さな子どもも雑誌を指さしてくれるから、それを切り取って貼ります。赤ちゃんは自分で指さすのが難しいですが、好きな食べ物などは親や保育士が把握しているので、イチゴが好きならイチゴの絵や写真を貼ってあげます。

職員たちにも、自己紹介代わりに宝地図を作ってもらいます。

宝地図を作ると、自分自身の夢や願望について改めて考えるよい機会になるだけでなく、お互いを知るきっかけにもなるのです。

子どもへの承認を記した「子どもの木」

森の保育園には「子どもの木」というものがあります。

これは、子どもへの承認や賞賛といったプラスのメッセージを紙に書いて貼っていくというもの。たとえば「手伝ってくれてありがとう」「きょうは給食を残さず食べたね」といったことを書いて貼ります。

「子どもの木」は、私が15年ほど前、アメリカのフロリダ州にある「グランド・トラバース・アカデミー」という学校を視察に行ったことをきっかけに始めました。

同校は、幼小中高まである大きな学校で、ウイリアム・グラッサー博士の選択理論心理学にもとづいた教育を実践していました。

その学校の入り口に大きな木があり、付箋のようなものがペタペタ貼られていたのです。私が「これ、なんですか?」と質問すると、生徒や保護者、校長らが先生たち

森の保育園の「子どもの木」

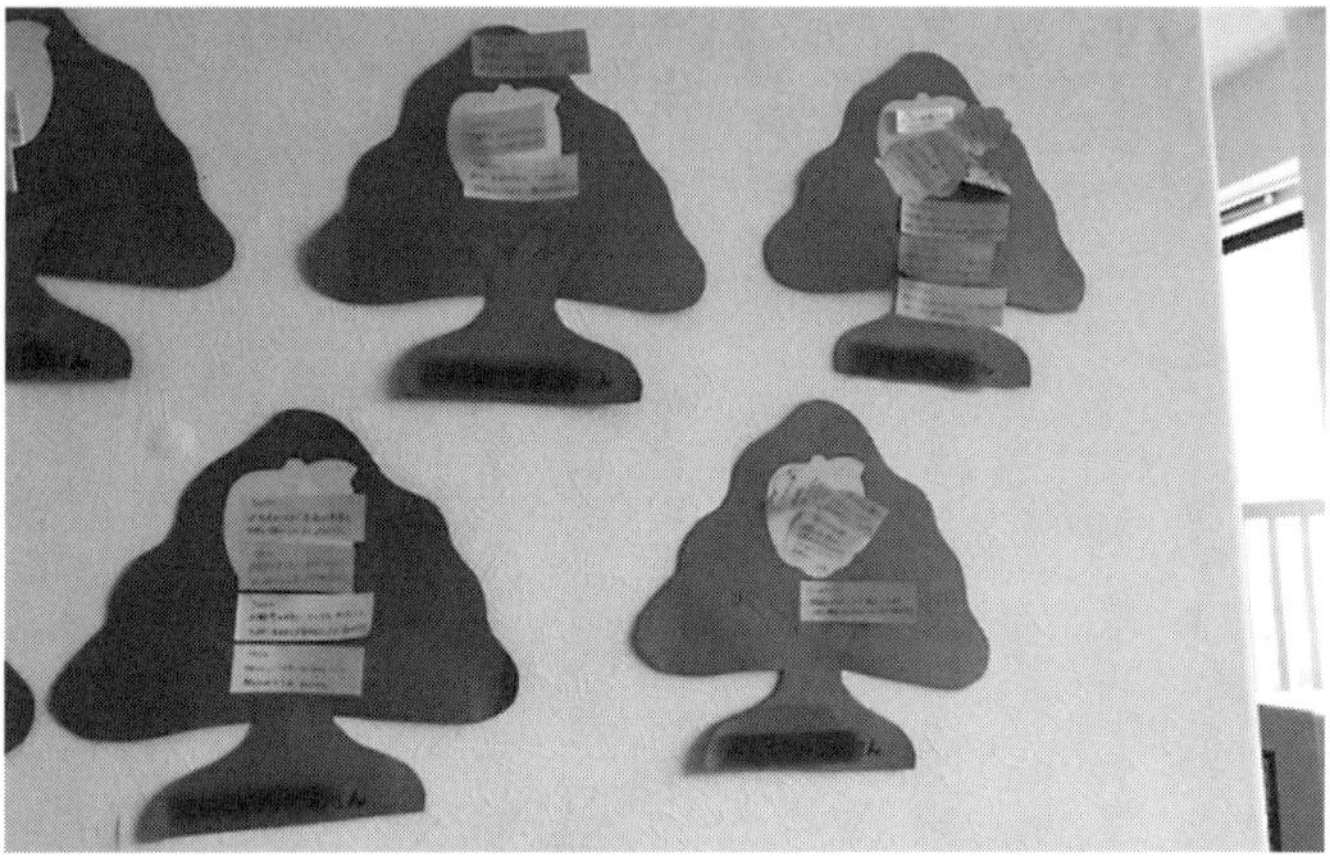

のいいところを書いて貼っているというのです。

これを参考にして、森の保育園では先生ではなく子どもたちをほめるための木にしました。

最初は、保育士に子どもたちのいいところを見つけて書いてもらっていました。ところが、「賢かった」「かわいかった」といった通り一遍の内容ばかりになったのです。それでは具体性が乏しい。そこで、保育士が一人ひとりをきちんと見て、承認の場面を具体的に記してもらうようにしました。

子どもたちの成長と保育士の育成の相

乗効果をもたらしたいと思ったのです。

保育士たちは最初はなかなか書けませんでしたが、次第に「この言葉がけがすごくいいね」「こんなことを言われたこの子はいいね」と、お互いに賞賛し合いながら書くようになっていきました。

保育士同士が学び合うようになったのです。

承認の紙をただ貼っておくだけではもったいないですよね。2週間に1回くらいのペースで、その紙を台紙に貼って、「これがこの半月であなたのお子さんがもらった承認の言葉です」と保護者に渡すようにしました。

子どもが承認された紙を渡すと、お母さんは自分がほめられたみたいにうれしくなるようです。

子どもが承認されて、保育士が育って、お母さんが喜ぶ。一石三鳥の取り組みです。

欲求のワッペンを首からぶら下げる

グランド・トラバース・アカデミーを参考にして、森の保育園で取り組んでいることは、ほかにもあります。

第1章でご紹介した「5つの基本的欲求」を表すマークを設定して、その形のワッペンを子どもたちの首から下げてもらうようにしたのです。

力の欲求が星。
愛・所属の欲求がハート。
自由の欲求が鳥。
生存の欲求がクローバー。
楽しみの欲求が音符です。

たとえば「ママにやさしくしてもらいたかったのに、抱っこしてくれなかった」という子には、愛・所属の欲求が満たされていないのでハートをぶら下げます。

5つの基本的欲求を表すアルバムとワッペン

保育園には、子どもたちが日ごろから「5つの基本的欲求」に親しんで理解できるように、5つの基本的欲求を表すアルバムとワッペンを置いています。アルバムにはそれぞれの欲求を表す絵や写真を貼っています。

「眠い」と言う子どもがいれば、「眠い人は生存の欲求が足りないからクローバーだね」。

「朝から叱られた」という子どもがいれば、「叱られたっていうことは、ハートが足りてないよね。やさしく言ってほしかったよね。否定されたみたいになるから力の欲求も足りないよね。星もだね」。

こうしたことを教えていくと、子どもたちは、間違いながらも自分でワッペンを選んで首からかけるようになります。自分の欲求を自覚し、満たしていくようになるのです。

自分が満たされたと感じたら、ワッ

ペンを外してもらいます。

ここで、保育士は子どもたちの欲求を満たそうとする動きはしません。

子どもたち自身が友だち同士のかかわりのなかで、相手のワッペンを見て、相手の満たされていない基本的欲求を満たしてあげるお手伝いをする、という練習を重ねていきます。


森の保育園ではときどき、このプログラムを3歳くらいから入れています。

でも、3歳ではまだワッペンをうまく使いこなせません。最初はアクセサリー感覚で付けているだけですが、そのうちワッペンを見て友だちのことを気づかうようになっていきます。

もちろん、子どもたちだけでは解決できない場面が出てきます。

「ハグもしてみたし、おもちゃも貸してあげたけど、あの子のハートが外れないの。これ以上、何をしてあげたらいいの？」

と保育士に聞いてくる子どもがいます。自分にはもう引き出しがないというわけです。こうなってはじめて保育士の出番。

「そう、じゃあ、一緒に聞いてみようか」

とかかわっていきます。ハートが外れない本人に聞いてみると、

「朝、お母さんに怒られた。だからお母さんに会いたい」

「わかった、会社の昼休みにお母さんにメールして、電話を入れてくれるように頼んでみるね。お母さんがメールを見てくれたら電話をくれるからね。お母さんが、怒ったままじゃないっていうことがわかったら、少しは遊べそう？」

「うん」

と保育士がサポートするわけです。

この取り組みによって、子どもたちが自分自身を見つめること、そして自分の願望や欲求に素直でいられるようになります。周囲のお友だちにとっても、相手のことを思いやる習慣が身につき、自分中心の人になりにくいな、と感じています。

子育て支援における上質の追求

森の保育園の運営母体は、私が設立した株式会社育児サポートカスタネットです。

この会社の理念は「子育て支援における上質の追求」。

保育園には、二通りのタイプがあると思います。子どもの育ちに焦点を当てている保育園と、私たちのように保護者の子育て支援に焦点を当てる保育園です。

私は、自分の経験を踏まえて、子どもの育ちのその先にある「上質の子育て支援」の追求に力を入れてきました。

何をもって上質というのか。私は、ひと言で表すと「居心地のよさ」だと思っています。保護者の方々の6年間を居心地のいいものにするということです。

グラッサー博士は上質を次のように定義しています。

1　温かい人間関係のなかで生まれる
2　強制のないところから生まれる
3　自己評価から生まれる
4　そのとき最善のもの
5　いつでも改善できるもの
6　役立つもの

7　気分のよいもの（しかし、破壊的でないもの）

育児サポートカスタネットが運営している森の保育園は、この上質の追求という理念のもと、キリスト教精神にもとづく保育を実践しています。

世界保健機関（WHO）によると、健康は4つの要素で定義されています。

1　ボディヘルス（体の健康）

2　メンタルヘルス（心の健康）

3　ソーシャルヘルス（社会的な健康）

4　スピリチュアルヘルス（魂の健康）

私たち日本人の多くは、4番目の魂の健康についてあまりなじみがないですよね。

私が子どもたちにキリスト教教育を通して伝えたいのは、次の3つ。

1　あなたは愛されています。

2　あなたは赦《ゆる》されています。

3　あなたには価値があります。

「お天道様は見ている」

私がキリスト教の洗礼を受けたのは46歳のときでした。それまでは、神社にもお寺にも教会にも行くような、なんでもありの宗教観の典型的な日本人でした。

子どものころは、祖母がご飯を食べる前に必ず仏壇を拝んでいました。私も、何かあると「拝め」と言われて育ちました。

仏壇のその奥には、人知を超えた仏様という偉い存在がいるということを、子どもながらに感じていたのです。

「だれも見ていなくても、仏さんが見ているよ」

祖母のこの言葉が、私を、うそをつけない人間にしてくれたと思います。

とはいえ、人知を超えた存在って、イメージしにくいですよね？

私はよく次のようにたとえます。

「小さな小さなアリは、象を認識できるでしょうか」

大きすぎて、全体をとらえられないはずです。アリからは象は見えない。だからといって、象は存在しないかといえば、そんなことはありません。確かに存在します。アリが認識できないだけです。

同じように、人間がとらえられない大きな存在があるはずです。大きすぎて見えないもの。これが私の宗教観です。

人類の知恵の範囲なんて、宇宙からしたらちっぽけなものだという謙虚さが必要だと思っています。

「神様は見ているよ」

「世間様に顔向けできない」

「お天道様は見ているよ」

日本では、昔からそう言われてきました。

「お天道様は見ているんだよ」と言うだけでも、子どもをまっすぐに育てる大きな一歩になると思います。

あるとき、森の保育園の職員が、子どもを1人公園に置いてきてしまったことがありました。帰るときにちゃんと人数を数えましたが、ヒューマンミスがあったのです。ほんの1分も経たずにすぐに気づいて公園に引き返し、ことなきを得ました。普通なら、結果オーライでしょう。報告をしなければ問題にもなりません。

それなのにその職員は、子どもの親と区役所に報告したのです。

これこそ、「神様は見ているよ」という考えにもとづく行動です。私はこの職員を誇らしく思います。

赤ちゃんは、生まれてきただけで超エリート！

赤ちゃんが生まれてくるということ自体、大きな力を感じざるをえません。

1回の射精に含まれる何億もの精子がヨーイドンで子宮口から卵子に向かって泳いでいきます。

精子を人間にたとえると、子宮口から卵子までの距離は、じつに地球から月までに相当するほど遠いそうです。

想像してみてください。地球から月までの距離を全速力で走ることを。しかも1億人の競争です。気が遠くなりますよね。

ところが月にたどり着いただけでは終わりません。

競争に勝ち抜いた100個くらいの精子が卵子にたどり着き、卵子の核の中に最初に潜り込んだ精子が受精するそうです。

地球から月まで走ってへとへとになっているのに、最後にもうひと頑張り、なんですね。この競争に勝ち抜いた人しかこの世にいないわけです。どれだけすごいことでしょうか。

だから、ダメな人なんて1人もいません。

落ちこぼれなんか、この世にいません。生まれてきただけで、みんな超エリートなんです。

生まれてくるということは、よほどの目的や使命があるはずです。この話を聞いただけで、自分で自分のことを尊敬できませんか？　子どものことを尊敬できませんか？

先ほど人知を超えた大きな力の話をしました。これは、こうした大自然の力と言い換えてもいいかもしれません。自分も大いなる自然の一部だと思うと、いろんな可能性があると思えますよね。

規範のない時代だからこそ、理念が大切

あなたは、子育てをしていて、「よい」「悪い」を決める基準はありますか?

あるときは許す、あるときはイライラしていて許さない。心当たりがあるのではないでしょうか?

今は子育ての規範がありません。どうしても場当たりになってしまいます。気分次第です。

よいか悪いは別にして、かつての日本には武士道や家父長制といった規範がありました。

家父長制なら、夫婦間の価値判断はお父さんの言うことで一本化できます。

私は子どものころは、父親が箸を上げるまで、みんな箸を上げてはいけない家族で

した。「お父さんが言うことはいいことなんだ」という軸があったのです。

ところが今は規範がない時代。

男女平等ですから、お父さんの規範と、お母さんの規範が違うのですよね。

お母さんは子どもにアイスを食べさせないけど、お父さんは食べ放題ということもありえます。

私はそれを「糸の切れたタコ状態」と言っています。規範がない状態をつづけると、子どもは不登校や非行に走るのです。

子どもたちは自分ではまだできないことが多いから、頼れるものが欲しい。

頼れるものとは、言い換えれば、畏れ敬うものです。


学校では校長ですら権威を失っています。

かつて、学校の校長先生は地域の名士でした。

私は、鹿児島県の自然豊かな村でフリースクールを運営していました。

その地域では、学校の校長が転勤で次の赴任先に旅立つとき、全村民が校長の後ろに車列を組んで、次の村まで行って、「うちの校長をどうかよろしくお願いいたします」とあいさつしていました。この習慣は現在でも残っているようです。

フリースクールを経営していただけの私ですら、出かけるとき、車列を組んでくださって、パレードのような状態でした。田舎ではまだ校長に権威があるのですね。

しかし、都会ではすでに校長を敬う風潮は失われています。それどころか、新年度には保護者が「今度の校長は外れだよね」なんて言うくらいです。

優れた企業は、確固たる理念が浸透しています。

私は、保育園でも理念があるか、それが浸透しているかどうかが問われていると思います。

理念が浸透してないと、保育士は我流でやらざるをえません。若い保育士は、身近なベテラン保育士から学ぶしかありません。しかし、ベテラン保育士によって考え方もやり方も違っていたら、若い保育士はどうすればいいかわからなくなってしまいます。保育士がそれぞれ違うやり方をしていたら、保護者も不安ですよね。

創業者がいて、その人が理念経営を築きあげて、それを保育士に浸透させていく。保護者が安心してわが子を通わせることができる保育園でありたいと思っています。

保育園という枠を超えて

さらに、保育園という枠にとらわれず、お母さんたちの子育てを支援するさまざまなとり組みにチャレンジしたいと思っています。

私が今、構想しているのは「子育て検定」のようなものの立ち上げです。料理や洗濯、掃除、外遊び、心理学、整理整頓などいろんな講座があって、修了するとスタンプをもらえるようなスタンプラリーのようなものです。

もちろん私がすべて教えるのではなくて、いろんな専門家の力を借りなければ実現しません。

子育ては性格や人柄次第のようにいわれますが、そんなことはありません。クルマの運転と同じように、簡単な知識と技術があればだれでもできます。

今、子どもを産むことに二の足を踏んでいる人が多いと思います。ちゃんと育てられるか不安を感じている方が多いのではないでしょうか。学生のうちから子育て検定をとれば、自信がつきますね。

ほかにも、貧困家庭のサポートや保育士の育成など、保育や児童福祉をとり巻く環境には課題が山積しています。

私たちにできることがあれば、チャレンジしていきたいと思っています。

おわりに

53年ぶりの実母との再会

第1章でシャンパンタワーのお話をしました。

自分に愛を注いで、そこからあふれたものしか、他人に愛を注げないという話です。

私は60歳を過ぎて、もうシャンパンがあふれず、枯れてしまいそうでした。

どうしようか。私が試みたのは、50年以上前に生き別れになった実母を探すことでした。


私はとっくに実母に会うことを諦めていました。

実母に会えなくても、いっぱい満たされているからもういいと思っていたのです。

これまでいろんな困難にぶつかってきましたが、多くの方々に支えられて乗り越えることができました。

出会った多くの人たちからパワーをもらってきたのです。

ところが、自分が多くの人に影響を与えようと思ったとき、自分からあふれるものが足りなくなっていたのです。

そんなときに偶然、私の娘が異業種交流会で知り合った株式会社児玉総合情報事務所の金澤社長様に出会いました。母の話をしたら簡単に探せますよと言ってくださり、お言葉に甘えて母の捜索をお願いすることになりました。

2020年3月、アチーブメント株式会社のオンライン研修の休み時間でした。

「お母さん、見つかりました」

情報事務所の方からメールが入ったのです。驚いて、アチーブメントの担当者に電話して「探していた母親が見つかったので、1回、画面を消します」と言って、電話しました。

「目の前にお母さんいますけど、しゃべりますか?」

なんと感謝なことでしょう。

約2カ月半、情報事務所の皆さんが親身になって母の住民票から、とうとう母を見つけてくださいました。

夢のようでした。いえ、私にとっては奇跡でした。

「ありがとうございます。母に変わってください」

と言いました。

「お母ちゃん！　眞弓やねんけど、覚えてる？」

と母に元気いっぱいに語りかけました。

「忘れるわけないやんか」

「お母ちゃん、今、元気なん？」

「元気よ。働いてるんよ、今、ヘルパーで」

「お母ちゃん、元気で働いてるんや」

80歳近くになった母はある地方都市に住んでいました。

私がずっと心に決めていたことがあります。母と再会できたなら、必ず明るく元気に、次のことを伝えようと思っていました。

「お母ちゃん、私を産んでくれてありがとう」

あのとき胎児のまま殺されていたら、今の自分は存在しません。

まだ中学生だった母がまわりの反対を押し切って産んでくれたからこそ、今の私の幸せがあるのです。

私を産んでくれたこと。

私と別れなければならなかったこと。

母もすべて最善の選択をしたのです。

かつての私は、うまくいかないことをすべて人のせいにして生きていました。

選択理論を学ぶ前だったら、多分、嫌みの一つや二つ言っていたかもしれません。

しかし、今は違います。

母には産んでくれたことへの感謝しかありません。

人は皆、最善を生きている

私は、選択理論心理学に出会って救われました。

「人は皆、最善を生きている」

このウイリアム・グラッサー博士の一文に私は救われました。


かつての私は、みんながわざと私を痛めつけていると感じていました。

でも、みんなが最善を生きているという説明を読んだとき、私は意地悪されてなかったし、誰にも嫌われていなかったし、みんなが私をそのときの最善で愛してくれていたと思えました。

自分は愛されてたんだと、腑に落ちたのです。

あの一言は私の人生を変えました。


私は、私自身を許すこともできました。

娘に対して至らなかった自分自身を許せたのです。

私は最善を尽くしていたと思えました。

私は、わざと怒鳴ったこともないし、わざと離婚したこともない。

そのときの最善の知識と経験値の中で、必死に最高のものを選んでいたと思えました。

自分への愛情があふれ出す

実母が見つかったのは、新型コロナウイルスの感染が拡大しているときでした。だから、東京に住む私は母に会うために地方都市に行くことはできませんでした。メールでやり取りをつづけたのです。

私を9歳で捨てたこと、1回も会いに行こうとしなかったこと、手紙1つ出さなかったことなど、母がいろいろ悔いているというメールが来ました。

私は前著『笑顔の力!』を送って「もう結果オーライよ」と伝えました。

母の日には、53年ぶりにプレゼントを贈りました。そのプレゼントに対して喜びの写真が送られてきたのです。

母が見つかってからというもの、私のなかに大きな変化があらわれました。

驚くほど自分への愛情があふれてきたのです。シャンパンがあふれてすごいんです。人に与えるエネルギーが湧いてくるんです。

私が講師を務めるセミナーには、いろんな悩みを抱えた方が参加します。

シャンパンが枯れてきていた私は「もう年だからそんなには支えられないよ」と弱気になっていました。

今は違います。「ドンと来い」「よっしゃー」とやる気に満ちあふれています。


母親は船のアンカー、錨《いかり》だそうです。

母親がしっかりとしたアンカーでいたら、子どもである船は停泊していられます。荒波が来ても転覆しません。

ところが、母親との関係のひもが切れていると、船は走りつづけなければ転覆してしまいます。

私はこれまで走りつづけていました。次から次へと荒波が襲ってきても停泊することができず、走りつづけるしかなかったのです。何度も転覆しそうになりました。

しかし、母というアンカーと自分をつなぐひもをとり戻したので、走りつづけなくてもよくなりました。

安定して停泊してられるということは、たくさんの人が私の船に乗れるということ。これまでは、走りつづけている私の船に飛び乗ってくれていたのですね。荒波のなかで大きく揺れつづけていた私は、たくさんの人を振り落としてしまったことでしょう。

今はアンカーがあるから、どこでも停まれます。何人でも乗せられるんです。

これからいろんなことに挑戦したい

母が見つかってから、私の夢はふくらむばかり。

夢が大きすぎて自分でも笑ってしまいますが、都内に理想郷を創りたい。植樹して森をつくり、生態系を育み、子どもたちが泥んこ遊びできるような空間です。田舎にユートピアをつくる人はいますよね。土地が安いから。でも、私は自然が乏しい東京で子どもたちを助けたい。あえて東京で理想郷を創りたいんです。

私が社会福祉法人を立ち上げると言ったとき、みんな笑いました。長野眞弓にできるわけはないと。それでもできたので、理想郷も不可能ではないと思っています。

ほかにも、子育て中の親子を対象にしたリゾートホテルもつくりたい。

「子どもを預かってあげるから、ママは楽しみなさい」と言っても、最近のお母さんたちは「子どもと一緒がいい」と言います。普段は仕事で一緒にいられないから、休みのときは子どもを預けたくないと言うお母さんが多いですね。

だから子どももお母さんも一緒に楽しめるようなリゾートホテルを創りたいんです。自然体験もできるような場です。

無農薬・無添加の健康にいい食材を集めたアンテナショップも開きたい。

とにかく、お母さんたちに回復してもらいたいんです。

自分の人生ビジョンすら変わってしまいました。

２０２０年の10月から、大学に通うつもりです。

保育現場の第一線を外れて、経営職になって、時間ができたからです。

私は保育専門学校か短大か幼児教育学校の講師になりたい。心理学部で４年間勉強して、そのあとさらに大学院に行って修士号をとって、教壇に立つつもりです。

母と再会した私は、エネルギーが満ちあふれています。グラッサー博士のように90歳くらいまで現役で働こうかと思っています。

この本を出版するにあたり、日本選択理論心理学会会長の柿谷正期先生とその奥様であられた今は亡き柿谷寿美江先生、そしてアチーブメント株式会社代表取締役会長兼社長　青木仁志先生と奥様の青木宏子専務、相談役　佐藤英郎先生、そして橋本拓也マネージャー、編集者の小林文香様、並びにアチーブメントの全社員のみなさまに大変なお力添えと励ましをいただきました。この場をお借りしまして感謝の辞を述べさせていただきます。

最後にこの出版に協力してくれた
愛する夫と二人の娘、
そしてその温かな家族を
与えてくださった神様の大きな愛を、
心から賛美いたします。

愛が分からなくて
愛を知りたくて、彷徨っていた私に
愛を教えてくれたのは
我が子でした。
この胎に宿り、
私だけに依存してすくすくと
育つ我が子。
産声を上げて
この腕に抱いた時の
あの感動と温もりをいつまでも忘れない。

永遠という言葉があるとしたら、
この子との絆、この子との奇跡
この子から毎日もらう不変の温もりこそが
神様からの最高のプレゼントでした。

ありがとう！　神さま！

ありがとう！　私の天使たち！


愛は寛容であり、愛は情深い。また、ねたむことをしない。愛は高ぶらない、誇らない。

不作法をしない、自分の利益を求めない、いらだたない、恨みをいだかない。

不義を喜ばないで真理を喜ぶ。

そして、すべてを忍び、すべてを信じ、すべてを望み、すべてを耐える。

愛はいつまでも絶えることがない。


結婚式によく読まれるコリント13章の一部

長野眞弓（ながの・まゆみ）
東京都認可保育園「森の保育園」
株式会社育児サポートカスタネット代表取締役
社会福祉法人美徳杜理事長
1959(昭和34)年1月大阪府堺市に生まれる。神戸保育専門学院を卒業後、保育士となる。保育園、児童館、児童施設など勤務。
1996(平成8)年、大田区認定家庭福祉員として家庭保育開設。2006(平成18)年、東京都認証保育所「森の保育園」開設。翌年法人化し、株式会社育児サポートカスタネット代表取締役就任。2018(平成30)年、認可保育園となる。同年、フリースクール「美徳杜」設立、代表就任。社会福祉法人美徳杜設立、多機能型障害者就労支援施設開設。理事長兼任施設長就任。現在に至る。
選択理論心理学上級修了カウンセラー、JPSAアソシエイトプロスピーカー、プロフェッショナル・ファスティングマイスター、杏林予防医学研究アカデミー初級講座講師、JOPHダイエットアドバイザーの資格も持つ。

◆子育てのご相談も承ります
森の保育園（大田区認可保育園） https://mori.castanets.jp/

Happy子育て—イライラお母さんが突然、子育て上手になりました—

2020年（令和2年）10月8日　第1刷発行

著　者——長野眞弓
発行者——青木仁志
発行所——アチーブメント株式会社
〒135-0063　東京都江東区有明3-7-18
有明セントラルタワー19F
TEL 03-6858-0311（代）／FAX 03-6858-3781
https://achievement.co.jp
発売所——アチーブメント出版株式会社
〒141-0031　東京都品川区西五反田2-19-2
荒久ビル4F
TEL 03-5719-5503／FAX 03-5719-5513
http://www.achibook.co.jp
〔twitter〕@achibook
〔Instagram〕achievementpublishing
〔facebook〕http://www.facebook.com/achibook
装　　丁——ソウルデザイン（鈴木大輔・江﨑輝海）
装丁イラスト——ⓒvision track/amanaimages
本文ＤＴＰ——オノ・エーワン
校　　正——株式会社ヴェリタ
印刷・製本——株式会社光邦

 ISBN 978-4-86643-083-6